HYPNOSE
DANS LA TÊTE D'UN PRATICIEN

VOLUME 2

Jérémy Cauliez

HYPNOSE
DANS LA TÊTE D'UN PRATICIEN

Volume 2

Suivi sur 5 séances complètes

Entretien Induction Stratégie

Editeur : Jérémy Cauliez,

Lieu-dit l'araignée, 43200 Saint Julien du Pinet

Couverture, mise en page et illustrations : Marie Hebbelynck

© 2022, Jérémy Cauliez

Dépôt légal : Septembre 2022

ISBN : 9798848773040

16,90 € TTC

Le Code de la propriété intellectuelle et artistique n'autorisant, aux termes des alinéas 2 et 3 de l'article L.122-5, d'une part, que les « copies ou reproductions strictement réservées à l'usage privé du copiste et non destinées à une utilisation collective » et, d'autre part, que les analyses et les courtes citations dans un but d'exemple et d'illustration, « toute représentation ou reproduction intégrale, ou partielle, faite sans le consentement de l'auteur ou de ses ayants droit ou ayants cause, est illicite » (alinéa 1er de l'article L. 122-4). Cette représentation ou reproduction, par quelque procédé que ce soit, constituerait donc une contrefaçon sanctionnée par les articles 425 et suivants du Code pénal.

Table des matières

PREAMBULE 15
   Introduction 17
   Comment utiliser ce livre 21
les 5 SEANCES 23
   Première séance 25
      Entretien 27
      Induction 34
      Phase de travail 55
      Conclusion 66
   Deuxième séance 69
      Entretien 71
      Induction 74
      Phase de travail 81
      Conclusion 94
   Troisième séance 97
      Entretien 99
      Induction 103
      Phase de travail 109
      Conclusion 112
   Quatrième séance 115

Entretien 117
Induction 119
Phase de travail 123
Conclusion 133
Cinquième séance 135
Entretien 137
Induction 139
Phase de travail 145
Conclusion 152
Conclusion finale des cinq séances 155
OUTILS UTILISES 161
La boîte à outils 163
La régression 165
Souvenir hypnotique 167
Quelques exemples de souvenirs hypnotiques ... 169
Régression en âge 171
Quelques exemples de régression en âge 173
Le Magnétoscope distorsion du temps 177
Magnéto 179
Un exemple 181
Dissociation 183
Exemple de François, pour un arrêt tabac 185
Exemple de Sabine, suite à accident de voiture 188

Incarnation 191
  Exemple de Paul, contre le trac 193
  Exemple d'Alice, pour oser parler 195
  Exemple de Marc, pour un arrêt tabac 197
Hallucinations 199
  Hallucination kinesthésique 201
  Hallucination auditive 203
  Hallucination gustative 204
  Hallucination visuelle 206
  Inciter à halluciner 208
Les ancrages 215
Transe partielle 221
  Guider le client 225
  Corps et esprit 229
  Conclusion 233
POUR TERMINER 237
  Remerciements 239
  Bibliographie 241
  Mot de l'auteur 245

Pour Eléa et Marie

« Such a shame to believe in escape. »
Mark David Hollis

PREAMBULE

Introduction

Si ce deuxième livre arrive très vite après la parution du premier, c'est avant tout grâce aux nombreux retours des lecteurs. Je ne m'attendais pas à ce que ma vision assez dépouillée et directe de l'hypnose intéresse autant de monde. Mais surtout je suis heureux que cela puisse aider beaucoup de praticiens à y voir plus clair dans toute l'information disponible sur l'hypnose. Avec cette première expérience de l'auto-édition, j'ai pu me rendre compte du nombre impressionnant de livres qui sortent chaque semaine... Pas facile de s'y retrouver dans cette quantité d'ouvrages, on peut facilement passer à côté de ce que l'on cherche vraiment. Et il en est de même pour les formations. Le praticien plein de bonne volonté et animé par l'envie de bien faire peut vite se perdre, et au passage y perdre de l'argent. Ces constatations peu réjouissantes me permettent néanmoins de mesurer ma chance d'avoir pu être formé très tôt dans ma pratique de thérapeute par Jordan Vérot au C.H.N. de Nice.

Je me revois encore dans le TGV pour Nice, relisant pour la cinquième fois le livre « Hypnose leviers de changement » et me demandant si j'avais ma place, moi autodidacte et hypnotiseur de rue, parmi tous ces praticiens sortis d'écoles. Et c'est à cette formation que j'ai pu enfin faire le lien entre les effets hypnotiques avec lesquels j'étais familier et la thérapie.

Lors de la sortie de mon premier livre « Hypnose dans la tête d'un praticien », la comparaison avec la pratique de Jordan a souvent été soulignée et pour cause elle est évidente. Avec le travail que Jordan a fourni pour épurer la pratique de l'hypnose, je pense que l'on peut parler d'une école Vérot, dont je suis fier d'être un des représentants. Il a élaboré de nouvelles façons de pratiquer, par exemple la structure TRAJET, permettant d'optimiser l'entretien.

Ce livre, c'est une volonté de répondre à une demande de contenu et détails supplémentaires dont les lecteurs de mon premier livre ont pu me faire part via le groupe Facebook « Hypnose dans la tête d'un praticien », lors nos visios ou autres échanges. J'espère sincèrement que ce nouveau livre vous aidera dans votre pratique et saura vous inspirer.

Jérémy Cauliez

Comment utiliser ce livre

Comme pour mon premier livre, j'ai choisi la forme en dialogues commentés, qui représente pour moi le plus fidèlement le déroulé d'une séance. Cette fois, je ne vais pas vous présenter plusieurs cas différents, mais cinq séances avec la même cliente. Ces cinq séances couvrent à mon sens beaucoup de facettes de l'hypnose. Le travail sur les automatismes prédomine sur les trois premières séances puis vient un travail d'exploration sur les deux dernières. Les séances sont espacées d'environ deux semaines, ce qui laisse à ma cliente le temps d'évaluer les changements concrets qui se produisent dans sa vie. Les dialogues sont entrecoupés d'explications techniques, qui vous aideront à mieux comprendre la direction de la séance et ce que j'ai derrière la tête. Cette fois, j'ai choisi d'écrire l'intégralité des séances. Elles se découpent en 4 parties : entretien, induction, phase de travail (stratégie) et conclusion. Les phases d'inductions, quoique faisant intégralement partie de la séance, peuvent avoir un aspect plus technique. Elles sont accompagnées de nombreuses illustrations qui vous permettront de cerner au mieux la manière de procéder.

Cette façon d'accompagner n'est en aucun cas LA façon de faire, mais ma façon de faire, que je partage avec vous. Même si le cadre général est orienté sur la perte de poids, je pense que les méthodes et techniques utilisées sont adaptées à beaucoup de situations que vous pouvez rencontrer en cabinet. J'espère que ce livre pourra vous aider à enrichir votre pratique de thérapeute.

LES 5 SEANCES

Suivi complet de Camille

Première séance

03/01/2022

Entretien

Camille vient me voir pour un accompagnement concernant la perte de poids.

Dans un cas comme celui-ci, mon but est d'être clair avec ma cliente : oui je peux l'aider dans sa démarche et l'accompagner. Mais sous certaines conditions.

Praticien : En quoi puis-je vous aider ?

Camille : J'ai besoin d'aide pour perdre des kilos, j'ai fait plusieurs régimes et à chaque fois je craque et je reprends du poids.

Praticien : Oui je comprends, les régimes c'est compliqué et pour être sincère avec vous, je pense que ça ne fonctionne pas.

Camille : Pas avec moi en tout cas *(rire)*.

Praticien : Avec moi non plus je vous rassure. Vous savez, ce n'est pas juste une question de régime. Mais plutôt une manière de déjouer notre cerveau.

Camille : Comment ça ?

Praticien : Manger gras, manger à n'importe quelle heure de la journée et manger beaucoup sont pour notre cerveau comme une victoire sur l'évolution. Quand nos ancêtres chassaient pour se nourrir, il n'y avait pas de congélateur et donc ils mangeaient beaucoup et en très peu de temps. Et le message ultra puissant était : « Comme ça tu ne vas pas mourir de faim ». Notre cerveau a donc choisi d'enregistrer cette fonction vitale à l'intérieur de nous et pour toujours. Elle est ancrée. Comme quand vous marchez en forêt et qu'un bâton se trouve en plein milieu du chemin. Votre cerveau va vous envoyer un message « danger serpent !! ».

Ici je donne des informations vérifiables, dans le but de déculpabiliser ma cliente de ses précédents échecs avec les régimes. Dans le livre « Le bug humain », Sébastien Bohler décrit le rôle du striatum et du noyau accumbens. Connaitre ces éléments peut vraiment être d'une grande utilité pour la suite de la séance.

Camille : D'accord, je ne savais pas. Mais à chaque fois que je commence un régime, je me sens comme revigorée, comme si j'avais une nouvelle énergie qui booste ma volonté. Mais ça dure seulement les premiers jours. Et après c'est la douche froide.

Praticien : Oui c'est normal et cela s'explique aussi. Quand nos ancêtres manquaient de nourriture, leur cerveau envoyait comme une dernière décharge d'énergie pour qu'ils puissent aller chasser avant de s'affaiblir et de mourir de faim. Et cette nouvelle énergie au début du régime correspond exactement à ça.

Camille : Vu sous cet angle c'est clair que c'est plus compliqué qu'il n'y parait de perdre des kilos.

Praticien : Ce que je vous propose avec l'hypnose c'est un partenariat. Un travail à 50/50. Vous vous doutez bien que je ne fais pas de magie et qu'il va falloir un travail commun pour atteindre cet objectif ?

Camille : Oui bien sûr, c'est évident.

Ici mon but est de dissiper les doutes sur ma façon de travailler, pas d'hypnose magique ! Ma cliente ne va pas rester passive, un partenariat est indispensable. Il ne me reste plus qu'à poser mon cadre de travail et voir si elle adhère ou non.

Praticien : Voilà ce que je vous propose, c'est ma façon de travailler. Une perte de poids en courbe lente mais régulière. Vous avez déjà expérimenté les régimes et vous savez que perdre du poids trop rapidement, ça ne marche pas.

Camille : Oui c'est sûr, ça je connais, c'est fait. *(Sourire).*

Praticien : Ok, je vais donc vous expliquer ma façon de travailler et vous me direz si cela vous convient. La première chose, c'est de trouver les moments où vous grignotez en dehors des heures de repas. Souvent il y a un placard avec des gâteaux, du chocolat ou le frigo avec du fromage qui vous appelle… Et ça devient la seule chose qui compte, comme si le bon sens était désactivé dans votre cerveau. Vous voyez de quoi je parle ?

Camille : Ah oui moi c'est le chocolat, mais pas un ou deux carrés ! la plaque… minimum…

Praticien : Je vois, oui. Le deuxième objectif va être de réduire la vitesse à laquelle vous mangez. Bien souvent on mange trop vite et notre cerveau ne reçoit pas l'information de satiété. Et votre estomac est complètement rempli avant même d'avoir compris qu'il n'avait plus besoin de nourriture depuis déjà longtemps. Vous me suivez ?

Camille : Oui ça me parait très bien.

Praticien : Et si quelque chose de plus émotionnel vient interférer dans ce processus, comme c'est souvent le cas, j'aimerais que nous prenions le temps d'en discuter pour voir s'il est pertinent de travailler sur ce blocage. Est-ce que vous êtes d'accord avec toutes ces choses ?

> J'ai bien conscience que travailler avec cette part émotionnelle est presque essentiel pour travailler avec le poids, mais la cliente est venue avec une certaine idée du travail à faire et je commence toujours par travailler sur le symptôme. Ensuite, si la cause a besoin d'être travaillée, il sera toujours temps.

Camille : Oui ça me parait tout à fait bien et combien de séances pensez-vous qu'il va me falloir pour avoir des résultats?

Praticien : Chaque client est différent, c'est donc difficile d'estimer, mais je pense qu'avec cinq séances c'est déjà très confortable pour nous.

Camille : Très bien je marche avec vous et je m'engage à vous suivre.

> Je sers toujours la main de mes clients à ce moment, avec un clin d'œil en disant : « alors c'est parti associé ! »

Praticien : J'ai beaucoup d'outils avec l'hypnose pour vous aider, mais d'abord j'ai besoin d'en savoir plus sur la phase de grignotage que j'ai évoqué et qui vous parle apparemment.

Camille : Ah oui moi c'est le chocolat, quand je commence une tablette, je la finis et quelque fois ça peut arriver plusieurs soirs d'affilé. Vous avez vu juste.

Praticien : Le chocolat, un grand classique. Et comment aimeriez-vous réagir par rapport au chocolat ?

Camille : C'est vrai que là je prends conscience des quantités énormes que je mange et que cela a forcément un impact sur mon poids. J'aimerais ne plus en manger du tout. Vous pouvez m'écœurer du chocolat avec l'hypnose non ?

Praticien : Oui, c'est même facile pour moi de faire ça. Mais sans déconner ? C'est tellement bon le chocolat, je ne peux pas vous faire ça !

> Comme l'explique Giorgio Nardone dans son livre « Le régime paradoxal » : *plus j'interdis et plus je désire*. C'est une solution dysfonctionnelle. Pour l'écœurement je sais déjà que je vais m'en servir sous hypnose, donc je n'amoindris surtout pas cet effet quand elle me pose la question.

Camille : Je ne comprends pas là…

Praticien : Je vous conseillerais plutôt de choisir un chocolat d'une qualité supérieure. Mais par contre, de réduire la quantité en vous donnant le choix d'en prendre ou non. Répondre ou non à cet automatisme.

Camille : D'accord, je comprends mieux.

Praticien : Cela vous semble pertinent de commencer avec ça ?

Camille : Je vous suis.

Induction

Camille se dirige naturellement vers le fauteuil au fond de mon cabinet. Je lui demande de revenir et lui explique que nous allons dans un premier temps travailler debout.

On peut déjà voir ceci comme une première rupture de pattern. Le client en première séance a souvent déjà imaginé la façon dont la séance allait se passer. Lui dire de travailler debout bloque ce cheminement perçu comme logique par le client et c'est parfait pour démarrer les tests hypnotiques.

La routine d'induction que j'utilise en premier rdv est toujours plus ou moins la même. Je ne connais pas encore la façon de réagir de Camille et c'est le moment de ratifier ce qui est facilement accessible chez elle en hypnose. Les inductions des prochaines séances seront plus pertinentes et calibrées pour elle. Pour le moment c'est la découverte.

Routine de base :

- Doigts magnétiques
- Bascule arrière
- Mains magnétiques
- Mains qui se rapprochent du visage avec les yeux qui se ferment au contact de la main sur le front.

Je ne vais pas revenir en détail sur l'alchimie de ce genre de routine inductive. Pour comprendre leur A.D.N, il faudrait un livre entier et c'est justement ce que vous propose Jordan Vérot dans « *L'induction en hypnose. Construisez pas à pas des inductions efficaces* » que je vous recommande très fortement.

Les doigts magnétiques

1) Demandez à votre client de serrer les pieds

2) De tendre les bras.

3) De serrer fort les mains entre elles.

4) De rapprocher les mains devant le visage.

5) Donnez la consigne : « A trois, sortez les deux index et fixez toute votre attention sur l'espace entre les deux index. »

6) Faites le décompte et suggérez que les doigts se rapprochent et qu'une fois qu'ils se toucheront, ils vont se coller. Si les doigts ne collent pas directement, c'est l'occasion d'impliquer le client dans ce processus.

Exemple :

Patricien : qu'est-ce qui pourrait tenir vos doigts collés ensemble ?

Client : Un élastique.

Praticien : De quelle couleur, de quelle taille etc.

La bascule arrière

1) Demandez au client de joindre les pieds

2) De fixer un point en hauteur et de fermer les yeux tout en gardant le même angle de vision, comme s'il pouvait toujours fixer ce point au travers des paupières.

3) Passez derrière le client et demandez-lui si vous pouvez poser vos mains sur ses épaules. Quand vous les posez, poussez légèrement vers l'avant pour déséquilibrer discrètement le client.

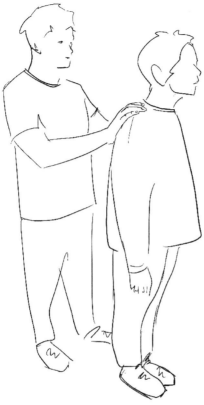

4) Et dites : « Dans un instant quand je vais reculer mes mains de vos épaules, ce sera comme si vous étiez une statue en métal et que mes mains étaient deux aimants très puissants. Alors quand je recule mes mains… »

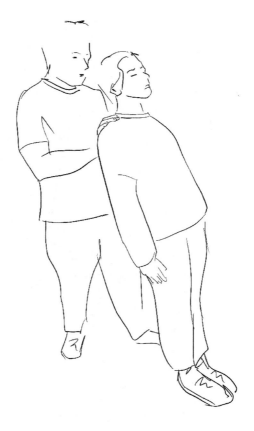

Le fait d'avoir poussé légèrement vers l'avant le client au moment de poser les mains va naturellement attirer le corps vers l'arrière au moment où je vais retirer mes mains.

Les mains magnétiques

1) Demandez au client de mettre ses deux mains devant lui, à environ 10cm l'une de l'autre.

2) Poussez légèrement avec vos deux index sur les paumes des mains de votre client et suggérez-lui que vous placez deux aimants très puissants à l'intérieur de ses mains.

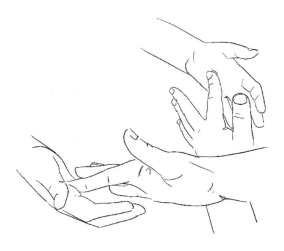

3) Retirez vos doigts, et dites-lui que les aimants s'actionnent.

Le fait de pousser avec vos doigts vers l'extérieur crée, comme pour la bascule arrière, un phénomène physique qui incite les mains à se rapprocher.

Toutefois il est toujours intéressant de suggérer que quand vous allez claquer des doigts, la polarité des aimants va s'inverser, les mains vont commencer à se repousser.

La main qui se rapproche du visage et induction

1) Demandez au client de placer sa main (gauche) à environ 10 cm devant le visage et dites-lui :
« Pendant que vous écoutez ma voix, concentrez-vous sur votre respiration qui est déjà plus régulière et plus ventrale. Et pendant que vous regardez ce point à l'intérieur de votre main, sentez comme celle-ci est attirée par votre visage. Et plus la main avance alors que vous regardez ce point, remarquez comme vos paupières commencent à cligner et à fatiguer. Quand la main tou-

chera le visage, vous pourrez fermer les paupières et vous laisser plonger à l'intérieur de vous. »

2) N'hésitez pas à pousser la main sur les derniers centimètres qui la séparent du visage.

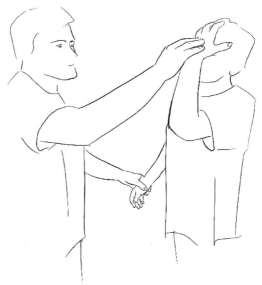

Ensuite, tirez sur l'autre main (droite) vers le bas en prononçant le mot « plongez », suivi d'une pression sur l'épaule (gauche). Vous pouvez ajouter une suggestion simultanée avec un son de chambre à air qui se dégonfle « pfffffff ».

Si une de ces étapes ne fonctionne pas comme décrite ici, par exemple la main ne se rapproche pas du visage, pas de panique ! Poussez légèrement la main avec une suggestion du style : « Vous savez, c'est comme un satellite qu'on place en orbite, il suffit d'une petite poussée pour que… pffffffff ». Et c'est la même chose pour toutes les étapes, adaptez-vous, toujours comme si c'était normal.

3) Je propose ensuite au client de revenir tout doucement et d'ouvrir les yeux à mesure que je remonte sa main droite. Je lui donne la consigne d'aller encore plus profondément en hypnose la prochaine fois que je lui demanderai de plonger en lâchant la main.

4) Je remonte la main doucement, mais je l'accompagne d'un léger « pffff », qui lui rappelle sa plongée en hypnose. Ce message contradictoire rend plus difficile l'ouverture des yeux.

5) Et au moment où les yeux sont à moitié ouverts, je lâche la main droite et j'appuie de nouveau sur l'épaule (gauche) « et plongez deux fois plus, pffff, et trois fois plus, pffff » Toujours avec la même gestuelle.

Revenons à Camille. L'état d'hypnose étant bien installé, je vais pouvoir tester les effets qui me semblent utiles pour la séance. Je sais par avance que je vais me servir du kinesthésique, je propose donc ceci :

Praticien : Camille, quand vous allez ouvrir les yeux au compte de trois, vos pieds seront complétement collés au sol, impossible pour vous de les décoller. Avec le un, complètement collés, avec le deux, impossible de les décoller et avec le 3 ouvrez les yeux !

Camille ouvre les yeux et j'attends un peu avant de lui demander si les pieds sont collés.

Praticien : Ça va ?

Camille : Oui très bien, c'est très agréable comme sensation, et j'entends tout ce que vous me dites !

Praticien : Oui bien sûr, c'est même primordial, pour la suite de la séance. Et vos pieds ? C'est comment ?

Camille : Oh mais c'est collé, en même temps je sais très bien que je peux les décoller mais ….

Praticien : Et plus vous allez essayer et plus ça va coller. (*Camille teste et je peux voir son étonnement.*) Oui mais regardez, c'est même simple en réalité, si je claque des mains, vos pieds se décollent *(je claque des mains et effectivement les pieds retrouvent leur mobilité)*. Et si je claque des doigts, ils se recollent plus fort *(je claque des doigts, Camille et ses pieds sont recollés au sol)*.

Camille : Mais alors ça c'est vraiment surprenant, mais comment faites-vous ça ?

Praticien : Ah mais c'est très simple, je viens de vous montrer. (*Regard interloqué de Camille*) Allez-y pour décoller, vous claquez des mains et pour recoller vous claquez des doigts.

Camille prend plaisir à coller et décoller ses pieds.

Ceci permet de mettre la cliente plus à l'aise face aux éventuelles peurs ou interrogations sur l'état d'hypnose et renforce le fait qu'elle va être active pendant la séance.

Praticien : Bon, on teste autre chose ?

Camille : Ok !

Je prends la main gauche de Camille et je commence à la balancer, en lui demandant de détendre un maximum le bras. Ensuite je lui demande de regarder mon doigt que je mets devant son visage.

Praticien : Je vais vous demander de regarder attentivement mon doigt.

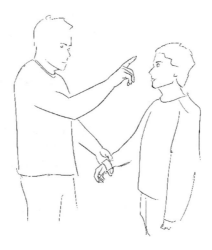

Praticien : Je vais approcher mon doigt de votre front, mais c'est comme si vous le sentiez déjà. Comme si mon doigt poussait avant même de toucher le front.

L'effet ne prend pas, Camille reste immobile. En revanche elle reste très bien focalisée sur mon doigt.

Praticien : Quand je vais reculer mon doigt, vous allez vous sentir attirée, comme si une cordelette reliait votre front à mon doigt.

Cette fois Camille se penche vers l'avant et pour aider, j'ai légèrement tiré sur son bras que je balance pour amorcer le phénomène. Je peux maintenant avancer et reculer mon doigt : Camille recule et avance, sans que j'ai besoin de tirer sur le bras.

Praticien : Très bien, prenez une grande inspiration, je vais compter jusqu'à trois et dirai le mot « plongez ». A ce signal vous repartirez encore plus profondément en hypnose, c'est d'accord ?

Camille : Oui *(déjà le regard vague à force de fixer mon doigt.)*

Praticien : Un…plongez ! *(Tout en tirant légèrement sur le bras)* et deux fois plus, « pfff ».

> Ne pas respecter le décompte crée un effet de surprise très favorable à la réinduction.

Praticien : Dans cet état très particulier, vous allez pouvoir vous permettre de tester d'autres choses. J'aimerais que vous imaginiez votre prénom écrit sur une feuille de papier, vous le voyez ?

Camille : Oui

Praticien : Ok, parfait. Je vais vous demander de vous concentrer sur une sensation qu'on connaît tous. Vous savez quand quelque fois on oublie le nom de quelqu'un, un acteur, un chanteur ou même un ami. On l'a sur le bout de la langue, mais impossible de le retrouver. Vous voyez ?

Camille : Oui

Praticien : Ok, alors je vais compter jusqu'au chiffre trois, et à trois vous aurez oublié votre prénom, de la même façon. Avec le un, votre prénom va s'effacer de votre esprit, avec le deux, exactement la même sensation de l'avoir sur le bout de la langue, avec le trois, complétement parti, envolé.

Je claque des doigts avec cette dernière instruction pour appuyer encore d'avantage la suggestion.

Praticien : Ouvrez les yeux… Comment vont vos pieds ?

Elle teste avec prudence et ses pieds ne sont plus collés.

Camille : Ah ! ça va.

Praticien : Heureusement ! Imaginez, j'aurais été obligé de vous laisser dans mon cabinet toute la journée.

Camille : *(rire)* C'est sûr que ça aurait pu être gênant pour vos clients suivants.

Praticien : Mais vous pouvez me redonner votre prénom ?

Camille : *(Après 5 secondes d'hésitation et le regard dans le vague).* Camille ! C'est Camille ! Désolée ça n'a pas marché.

Praticien : Oui pas complètement, je pense qu'il n'était pas très loin de sortir *(je regarde le côté droit de son crâne).* Vous vous souvenez de ce moment de doute, cette sensation de l'avoir sur le bout de la langue ?

Camille : Oui… *(un peu troublée de me voir fixer le côté de son crâne).*

Praticien : Concentrez-vous sur cette sensation, votre prénom était presque sorti. Fermez les yeux s'il vous plait.

Camille ferme les yeux, je balance à nouveau son bras et lui touche le côté du crâne comme si je tirais sur quelque chose. Je donne l'impression de résistance en retirant le prénom de son crâne.

Praticien : Et hop ! *(Avec un petit bruit d'aspiration flup !)* Complétement parti, envolé avec le un, deux, trois ouvrez les yeux maintenant.

Praticien : Vous pouvez me dire votre prénom ?

Camille : …euh, je le sais, mais ça ne vient pas.

Ici c'est vraiment l'idée de l'amnésie qui a fait disparaitre le prénom.

Camille : Je sais que je peux le dire.

Praticien : Oui bien sûr, mais c'est plus rigolo de le lire dans la paume des mains, vous ne pensez pas ?

J'ouvre les mains devant Camille.

Camille : Camille voilà, oui c'est bien ça. *(Rire)*

Pour elle, lire son nom écrit à l'intérieur de mes mains parait tout à fait normal. J'ai déjà beaucoup d'effets pour travailler, Camille répond très bien à :

-la catalepsie : les pieds collés.
-l'amnésie : amnésie du prénom.
-L'hallucination : son prénom écrit dans mes mains.

Praticien : Très bien, regardez mon doigt à nouveau avec le un, plongez ! et deux fois plus !

Je replonge Camille avec la même méthode que précédemment : le bras qui balance et le doigt qui approche. Mais beaucoup plus vite. Plus elle repart en hypnose et plus c'est rapide. C'est le moment de passer à la phase de travail.

Phase de travail

Praticien : Camille *(sous hypnose),* tout à l'heure vous m'avez parlé de cette envie de manger du chocolat. Dites-moi à quel moment avez-vous cette envie ?

Camille : Le soir je suis chez moi, je regarde la télé et d'un coup je me lève et je vais chercher le chocolat.

Praticien : Ok, j'aimerais que vous vous retrouviez dans un de ces moments, où vous regardez la télé, juste avant de vous lever pour aller chercher le chocolat.

Camille : Oui voilà, je regarde une série.

Praticien : Très bien, alors dites-moi à quel moment vous allez commencer à ne plus écouter la série, à quel moment votre cerveau va commencer à se déconnecter de la série pour penser au chocolat dans le placard.

Après une bonne minute.

Camille : Oui voilà, je n'écoute plus. Je pense au chocolat.

Praticien : Et ensuite ?

Camille : Je suis déjà devant le placard, j'ouvre et je prends la plaque de chocolat.

Praticien : J'aimerais que vous reveniez en arrière au moment où vous vous levez du fauteuil. Et comme un film qui passerait au ralenti, revoir très lentement le moment où vous vous levez du fauteuil pour aller jusqu'au placard.

> J'ai été troublé par l'absence du trajet entre le fauteuil et le placard, je décide de prendre le temps d'explorer cette piste.

Camille : Oui je me lève du fauteuil.

Praticien : Et là, tout devient plus lent *(je ralentis le rythme de mon débit de parole)* très lent. C'est comment pour vous ?

Camille : Lent.

Praticien : Et à quoi pensez-vous ?

Camille : A rien.

Praticien : Et que ressentez-vous ?

Camille : Rien.

Donc « rien »… Je décide de ne pas creuser plus dans ce sens.

Praticien : Ok la vitesse redevient normale et que faites-vous arrivée devant le placard ?

Camille : J'ouvre, je prends le chocolat et je repars devant la télé.

Praticien : Ensuite ?

Camille : Je commence à le manger. Mmm, c'est bon, c'est bon *(voix de petite fille)*.

J'ai souvent constaté que pour les grignotages, les clients partent souvent en régression en âge. Bien sûr, revenir à un moment précis, c'est déjà une régression, mais je veux dire par là qu'une partie de la personne est connectée à des choses encore plus anciennes, ce qui ne gêne en rien le travail. Bien sûr ce serait l'occasion de travailler cette piste, mais je n'oublie pas la demande initiale de Camille. Je décide garder ça en tête et de continuer à travailler sur le symptôme pour le moment, comme convenu.

Praticien : Combien de carrés de chocolat avez-vous mangé ?

Camille : Oh beaucoup, là je mange des rangées complètes.

Praticien : Je vais vous proposer de revenir en arrière, juste au moment où vous revenez dans votre fauteuil avec le chocolat.

Camille : Oui voilà.

Praticien : Je vais maintenant vous demander de manger le premier carré de chocolat. Mais de manière très lente. Tout va ralentir, même votre main qui monte à la bouche monte très lentement.

La main monte vers la bouche.

> Ici je teste en même temps l'idéomoteur en évoquant que la main va monter, ceci me permet d'avoir des informations visuelles et va donc me permettre de réduire mes questions pour savoir comment Camille vit cette expérience.

Praticien : Quand la main atteindra la bouche, vous allez manger ce carré de chocolat très très lentement et vos papilles gustatives vont être extrêmement réceptives.

La main a atteint la bouche et elle se met à mastiquer.

Praticien : Il est comment ce premier carré de chocolat ?

Camille : Il est bon.

Praticien : Et sentez comme tout va ralentir encore plus et comme vous allez percevoir les arômes vraiment surprenants et extrêmement bons dans ce carré de chocolat.

Camille : Mmm, oui c'est encore meilleur.

Praticien : Et la texture, sentez comme le chocolat commence à fondre sur votre langue avec la température de votre bouche. Et comme de nouveaux goûts arrivent encore avec cette façon de manger très lente.

> Je prends un rythme plus lent avec ma voix et j'insiste encore un peu plus sur les mots « lent », « lenteur », « sentez ». Je pense à ne pas trop exagérer. Si c'est trop sur-joué, ça pourrait être contreproductif et sortir Camille de l'état d'hypnose.

Camille : C'est vraiment bon, très bon mmm !

Praticien : Alors, profitez bien et quand le chocolat va descendre dans votre estomac en passant par votre gorge, vous allez pouvoir apprécier pleinement la fin de cette dégustation. Quand vous aurez terminé, vous pourrez me le dire.

Après une bonne minute.

Camille : Oui voilà c'est terminé.

Praticien : Maintenant, avec la même lenteur vous allez prendre un deuxième carré de chocolat.

La main de Camille commence à monter comme précédemment et arrive à la bouche.

Praticien : En mettant ce deuxième carré dans votre bouche, vous pouvez sentir que c'est le même chocolat.

Mais c'est votre corps qui réagit différemment, sentez comme ce deuxième carré est plus pâteux en bouche.

Je remarque que la mastication devient plus difficile et qu'une expression de dégoût apparait.

Praticien : Et sentez comme il vous donne soif ce second carré, comme le goût est également différent. Il est comment ce goût ?

Camille : Ce n'est pas bon et j'ai soif.

Praticien : Quand vous allez avaler ce deuxième carré, vous allez sentir comme votre estomac n'a pas envie de l'accueillir comme le premier. Comme pour lui c'est trop.

Camille a manifestement beaucoup de mal finir son carré.

Praticien : Ok, Camille au nombre de trois, je vous demanderai d'ouvrir les yeux.

Remarquez que je ne lui demande pas de sortir de l'état d'hypnose.

Praticien : Un, deux, trois !

Camille ouvre les yeux, avec la bouche manifestement très sèche.

Praticien : Comment vous sentez-vous ?

Camille : Mal, c'était horrible ce deuxième carré, beurk !

Praticien : Vous voulez un verre d'eau ?

Camille : Oui, volontiers, merci.

Je lui donne le verre d'eau.

Praticien : Est-ce que vous voulez garder cette façon de faire. Apprécier au mieux un seul carré et ne pas être capable de manger le deuxième ?

Camille : Oui, si c'est possible, oui.

Praticien : Très bien. Vous sentez comme vos paupières commencent à cligner comme tout à l'heure ?

Les paupières commencent à cligner et le regard à être dans le vague.

> Je vous rappelle qu'il s'agit d'un fractionnement, Camille n'est pas sortie de l'état d'hypnose. Je me permets donc de tester simplement « les paupières qui vont se fermer et l'état qui va s'approfondir ». Si ça n'avait pas fonctionné, je repartais avec le doigt qui approche du visage.

Praticien : Et sentez comme vous allez facilement et confortablement retourner dans cet état, pfffff.

J'appuie sur l'épaule en même temps que le son « pffff ». Les paupières se ferment et le relâchement musculaire est instantané.

Praticien : Avant d'installer ces nouveaux automatismes en vous, j'aimerais que vous retourniez dans ce moment devant la télévision, juste avant l'appel du chocolat.

Camille : Oui voilà.

Je prends la main de Camille

Praticien : J'aimerais que vous vous remémoriez le travail que nous venons de faire avec le chocolat, pas la peine de le revivre, mais juste de vous souvenir de tout ce travail. Allez-y !

Je referme la main de Camille sur elle-même.

Praticien : Et serrez le poing en même temps que vous inspirez. Allez-y !

Elle inspire et serre le poing.

Praticien : Très bien, encore une fois et repensez à tout notre travail avec le chocolat.

Je suis en train de créer un ancrage du travail qui me servira de prescription de tâches en fin de séance.

Praticien : Retournez une fois de plus dans votre fauteuil devant la télé. Juste avant l'appel de chocolat.

Camille : Oui

Praticien : Juste quand vous allez être coupée du film par l'appel du chocolat, je vous demanderai de fermer votre poing et d'inspirer.

Après quelques secondes Camille serre le poing et inspire.

Praticien : Que se passe-t-il ?

Camille : Je repense au bon gout du chocolat, mais aussi au mauvais.

Praticien : Très bien, alors profitez de ce moment pour décider si oui ou non vous avez vraiment envie de vous lever pour aller chercher ce chocolat et perdre le fil de votre film.

Camille : Euh non, une autre fois, là je reste devant le film.

Praticien : Bien. Dans un instant je vais compter jusqu'à cinq et à ce chiffre, vous reviendrez complétement ici, entièrement sortie de l'état d'hypnose.

Réorientation :

Praticien : Avec le un, tout ce travail que vous avez fait aujourd'hui va pourvoir s'installer en vous, au fil des heures, des jours et des semaines à venir. Avec le deux, vous commencez à sentir que les mains, le cou et le reste du corps commencent à retrouver de la vigueur et de l'énergie. Avec le trois, vous commencez à reprendre contact avec l'endroit où vous vous trouvez, ma voix, les bruits de la rue, vos pieds sur le parquet. Avec le quatre, ce sont les paupières qui vont pouvoir s'ouvrir. Avec le cinq, vous voilà complétement sortie de cet état.

Camille s'étire et ouvre les yeux.

Praticien : Vous allez bien ?

Camille : Oui, fatiguée, mais bien.

Praticien : Oui, on voit souvent l'hypnose comme du sommeil, mais c'est une suractivité cérébrale qui demande beaucoup d'énergie.

Entretien de fin de séance :

Praticien : Alors je vais vous donner deux choses à faire pour finaliser cette séance au mieux. Premièrement, vous servir de ce poing qui se ferme quand vous êtes devant la télé. Allez-y, vous pouvez tester. Serrez le poing et inspirez.

Camille : Oui ça me reconnecte à cette séance, c'est vrai.

Praticien : Pendant un temps, votre travail sera de faire ce petit rituel quand vous avez cet appel du chocolat. C'est ok pour vous ?

Camille : Oui c'est d'accord.

Ce rituel a surtout pour but d'impliquer Camille dans le processus de changement et de faire capoter cette pensée de chocolat et donc de sortir du monoïdéisme.

Praticien : La deuxième chose : vous procurer du chocolat de meilleure qualité, une seule plaque bien sûr ! Et de ne plus acheter l'autre, bien sûr. Vous êtes d'accord pour faire ça ?

Je prends quelques secondes pour trouver un chocolatier sur mon portable à une distance raisonnable de chez elle, mais pas trop prêt non plus, pour créer de l'engagement dans le processus.

Camille : Oui bien sûr, moi je vous suis. On verra si ça marche.

Le rendez-vous avec Camille prend fin et le prochain est fixé dans trois semaines.

Conclusion

Pour cette séance, comme nous l'avons convenu avec Camille, le but est de jouer avec les automatismes. D'autres possibilités sont apparues, mais je me donne la souplesse de les explorer dans une autre séance (ou peut-être pas).

Deuxième séance

24/01/2022

Entretien

C'est toujours un moment particulier pour moi quand un client entre dans mon cabinet pour une deuxième séance. Et j'avoue ne jamais réussir à déceler chez mon client s'il est satisfait ou pas quand il passe la porte.

Praticien : Alors Camille comment ce sont passées pour vous ces trois semaines ?

Camille : Bien, je n'ai pas mangé de chocolat. Enfin si ! Quand ma fille est venue dîner le weekend, j'ai sorti mon bon chocolat et j'ai juste pris un carré avec mon café.

Praticien : Et le soir, devant la télé ?

Camille : Non, les premiers soirs, j'ai senti que j'en avais envie, mais j'ai serré le poing comme vous me l'avez appris et c'est passé.

Praticien : Et ça ne vous manque pas ce petit carré le soir ?

Camille : Ah non, je n'y pense même plus et je suis montée sur la balance ce matin : j'ai perdu 2.4kg ! *(Grand sourire)*.

Praticien : C'est très encourageant ! Mais n'oubliez pas que la perte de poids n'est que le résultat d'un travail sur le long terme.

Camille : Oui bien sûr, je le sais, mais c'est vraiment encourageant.

> Je tiens vraiment à être clair sur l'objectif à atteindre, c'est-à-dire une courbe de poids décroissante et lente, qui va trouver son rythme au fil des séances.

Praticien : Et bien félicitation, vous avez vraiment bien exploité les outils mis en place lors de notre première séance.

Camille : Mais c'est vous qui avez tout fait.

Praticien : Pas du tout ! C'est un partenariat et vous remplissez très bien votre rôle. On continue ?

Camille : Oui bien sûr.

Praticien : J'aimerais maintenant que nous regardions de plus près vos habitudes au moment des repas. Premièrement, pensez-vous manger vite ?

Camille : Oui vraiment, je ne prends pas mon temps le midi au travail. Mais par contre c'est une petite salade et un fruit.

Praticien : Ah ça ce n'est pas mal, donc j'en déduis que c'est le repas du soir qui pose problème ?

Camille : Oui c'est vraiment un problème le soir, j'ai fini de manger bien avant mon mari et mon fils. D'ailleurs ils me le font souvent remarquer.

Praticien : Et à quantité égale ?

Camille : Oui, c'est moi qui prépare les assiettes et les trois sont servies en même quantité.

Praticien : Ok, si vous êtes d'accord, je vous propose de travailler en hypnose directement.

Camille : Allez c'est parti !

Induction

Je décide de faire l'induction en position assise pour ma cliente, pour rappeler la position du corps au moment du repas.

Praticien : Vous vous souvenez comment c'était la dernière fois, quand vous avez plongé dans l'état d'hypnose ?

Camille : Heu oui, un peu…

Praticien : Ok, alors ça va être encore plus simple pour vous de rentrer encore plus profondément et rapidement dans cet état.

Je prends sa main droite et je commence à la balancer tout en lui expliquant. Puis je prends sa main gauche, posée paume contre paume sur ma main droite.

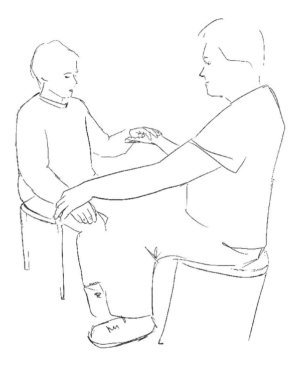

Praticien : Je vais vous proposer maintenant de regarder votre main gauche et de fixer toute votre attention sur celle-ci, c'est d'accord ?

Camille : Oui

Praticien : Quand je vais monter la main, vous allez fermer les paupières progressivement.

Camille le fait sans problème.

Praticien : Et quand je vais redescendre la main, vous allez ouvrir progressivement les paupières. C'est bon pour vous ?

Camille : *(oui de la tête).*

Praticien : Alors que votre main monte, les paupières se ferment et quand la main redescend, les paupières s'ouvrent lentement.

Je fais plusieurs fois monter et descendre la main en ajoutant des suggestions de lourdeur et de profondeur. Quand la main descend, je tire aussi légèrement sur la main droite vers le bas en même temps.

Praticien : Alors que je redescends la main plus profondément et que vous respirez, sentez comme vos paupières ont de plus en plus de difficultés à s'ouvrir. Et d'ailleurs, ce sont vos paupières et il ne me parait pas illogique de ne pas les laisser s'ouvrir.

> Ici, en plus des suggestions simultanées avec la main droite que je tire vers le bas, j'ajoute un peu de confusion verbale avec une phrase chargée de négations, qui a tendance à embrouiller le cerveau du client, déjà très saturé par le reste. La consigne de base : lever la main et fermer les paupières, puis baisser la main et ouvrir progressivement les paupières. Simplement ce mouvement est contraire à ce qu'on ferait naturellement (testez chez vous).

De ce fait, la moindre demande d'action supplémentaire commence à induire un état de transe.

Les paupières de Camille ne s'ouvrent plus au bout de quelques allers-retours.

Praticien : Très bien, vous avez vu que les paupières sont confortablement fermées. Maintenant, il n'y a plus trop d'utilité pour cette main de monter et descendre comme ça. Elle va pouvoir être attirée par le corps, toute seule.

A ce moment, je fais passer ma main droite au-dessus de la main gauche de Camille et je la tiens avec le pouce et le majeur à chaque extrémité du poignet, le majeur sur le dessus de la main.

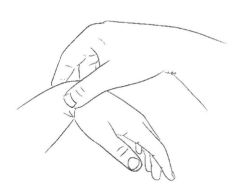

Je libère progressivement le poignet du pouce et du majeur, je me retrouve donc avec juste l'index au-dessus

de la main de Camille. Ce qui donne l'illusion kinesthésique que je la tiens toujours.

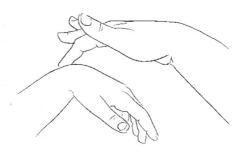

Et finalement j'enlève mon index et laisse la main cataleptique se déplacer vers le corps. (Quelque fois elle descend ou reste sans bouger, mais ceci n'a pas grande importance).

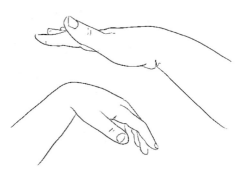

Je remonte progressivement la main droite avec comme consigne :

Praticien : Alors que la main remonte comme ceci, vous allez sortir progressivement de cet état.

Au moment où je vois la tête de ma cliente se redresser légèrement et les paupières qui commencent à s'ouvrir légèrement, je lâche la main, et j'appuie légèrement avec ma main droite sur son épaule gauche.

Praticien : Et vous replongez encore plus profondément à l'intérieur de vous.

Vous retrouverez cette induction chez beaucoup d'hypnotiseurs comme Anthony Jacquin ou encore Jordan Vérot. Ici, elle est adaptée à ma sauce et mélangée avec d'autres choses. Je pense qu'il est vraiment très intéressant de s'approprier les inductions pour qu'elles soient au plus proche de votre pratique personnelle.

Phase de travail

Praticien : Maintenant que vous êtes bien installée dans cet état d'hypnose, j'aimerais que vous vous retrouviez dans une scène le soir, comme tous les soir où vous passez à table avec votre mari et votre fils.

Camille : Oui

Praticien : Et vous allez commencer à manger, comme tous les soirs. Que mangez-vous ?

Camille : Des lasagnes.

Praticien : Mmm, c'est bon les lasagnes.

Camille : Oui j'adore ça !

Praticien : Toutefois, j'aimerais que vous preniez le temps d'observer la vitesse à laquelle vous mangez et la vitesse à laquelle mangent votre mari et votre fils.

Camille : Oui, je mange plus vite, eux ils prennent le temps.

Praticien : Ils savourent ?

Camille : Oui, voilà, moi je ne suis pas vraiment là… Je mange, c'est tout.

Praticien : Vous pensez que si vous vous calez à la même vitesse qu'eux, ça serait mieux ?

Camille : Oui, ils me disent toujours que c'est bon et en plus ils ne grossissent pas comme moi.

Praticien : Oui et j'imagine que d'être plus mince leur donne plus de choix dans leurs activités, faire du sport par exemple ?

Camille : Oui… (*Camille se met à pleurer*).

> J'aurais très bien pu continuer à travailler sur les automatismes, mais je me permets de proposer à Camille d'explorer cette brèche émotionnelle.

Praticien : Vous pouvez me dire ce qui se passe là ?

Camille : Oui, je repense à un moment où nous étions partis faire une balade en vélo en famille et j'étais à la traine. Eux sont partis devant, et moi j'étais derrière, seule.

Praticien : Et que ressentiez-vous au moment où vous vous êtes retrouvée derrière ?

Camille : De la tristesse et même de la peur.

Praticien : La peur de quoi ?

Camille : Peur d'être seule, qu'ils ne me demandent plus de venir avec eux.

L'émotion est très forte et le nez de Camille coule beaucoup. C'est très inconfortable pour elle, je décide donc de la sortir partiellement de l'état d'hypnose.

Praticien : Je vais compter jusqu'à trois et à ce chiffre, vous ouvrirez les yeux. Un, deux, trois.

Camille ouvre les yeux, je lui tends une boite de mouchoirs.

Praticien : J'étais obligé de faire une pause, on risquait l'inondation avec toutes ces larmes !

Camille : *(rire).*

Praticien : Vous n'êtes pas la seule, je fais pleurer tout le monde ici, pas facile à vivre vous savez.

Camille : *(Sur le ton de l'humour)* J'espère que vous êtes fier de vous ?

Praticien : Ça va mieux ?

Camille : Oui, ça va, merci.

Praticien : C'est très intéressant ce qui vient d'apparaitre, vous ne trouvez pas ?

Camille : Oui et je ne faisais pas le lien directement, pourtant c'est évident.

Praticien : Vous êtes d'accord pour aller plus loin en utilisant ceci ?

Camille : Oui, c'est vous le patron.

> Ici je vais utiliser un approfondissement très rapide en me servant de l'émotion que Camille vient de vivre (comme un outil de saturation supplémentaire).

Praticien : Camille, nous allons très vite retourner dans cet état d'hypnose. Et pour ça, pendant que vous regardez mon doigt, je vais vous demander de vous reconnecter à cette émotion de tout à l'heure.

Je prends la main droite de Camille, la balance légèrement et j'approche mon doigt de son visage.

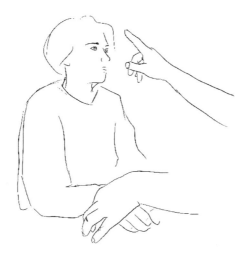

Praticien : Alors, regardez bien mon doigt et repensez à cette émotion, je vais compter jusqu'au chiffre et « Dormez ».

Je tire sur la main de Camille, je claque des doigts juste devant son visage, et je dis le mot « dormez », tout ça au même moment. En plus, je ne termine pas mes instructions, cela crée une rupture très forte pour Camille, qui était toujours dans un état d'hypnose (éveillée).

Praticien : Camille, vous me parliez tout à l'heure de cette façon de manger plus vite que les autres à table. Vous savez, c'est comme si vous pouviez mettre cette sensation dans cette main *(je prends sa main gauche).* Et quand la main bouge comme ceci *(je bouge sa main dans l'espace),* vous sentez que vous pouvez jouer avec la vitesse.

Praticien : Je vous demande de revivre ce même moment où vous êtes à table et vous allez plus vite que les autres. Mais vous allez remarquer que c'est presque comme si vous étiez dans un autre temps, comme si vous n'alliez pas à la même vitesse dans le temps, vous voyez ?

Camille : Oui c'est bizarre.

Praticien : Et vous allez voir que quand je vais monter la main, comme ceci, vous allez encore plus vite dans ce repas, comme un film qui passe en accéléré. Mais les autres restent à la même vitesse.

Je monte la main de Camille.

Praticien : Vous pouvez me dire ce qui se passe ?

Camille : La vitesse change, mais c'est juste un peu et ça redevient normal.

> Ici, le lien entre la main qui monte et la vitesse à table ne fonctionne pas vraiment. Mais la vitesse varie tout de même légèrement, c'est qu'il y a une liaison établie, même si elle est fébrile. Je décide d'insister.

Praticien : Votre main va commencer à se déplacer dans l'espace pour chercher la meilleure connexion possible pour faire accélérer ou ralentir votre façon de manger.

La main de Camille reste statique un moment, puis se met à bouger par petits à-coups. La tête bouge également.

Praticien : Vous pouvez me dire ce qui se passe.

Camille : Quand je bouge la main, la vitesse change, mais pas la vitesse de mon mari et mon fils.

Praticien : C'est parfait, bravo.

Camille : Mais ma main ne bouge pas ici à table, ni avec vous. Elle bouge ailleurs, dans un autre espace où je peux faire ça, ce n'est pas le même air sur ma peau, vous comprenez ?

Praticien : Oui bien sûr.

En vérité je ne sais pas exactement de quoi elle parle, mais elle a trouvé son propre fonctionnement et c'est parfait.

Praticien : Camille, pendant que cette main continue de vous faire ralentir et accélérer comme ça à table, je vous propose de vous concentrer sur cette main *(je prends la main droite de Camille)*. Reconnectez-vous à cette promenade en vélo dont vous m'avez parlé.

Camille : Oui, je vois oui.

Praticien : Comme pour le moment du repas, vous allez pouvoir accélérer ou ralentir dans votre propre espace-temps.

Cette fois, je lève juste le bras de Camille et laisse la main se déplacer seule. Elle bouge presque immédiatement.

Praticien : Vous allez pourvoir accélérer ou ralentir comme bon vous semble. Allez-y, vous pouvez tester.

Un grand sourire apparait sur le visage de Camille.

Praticien : Qu'est-ce qui vous fait sourire ?

Camille : Je peux les dépasser facilement, finir le parcours alors qu'ils sont encore au début, c'est drôle !

Praticien : C'est génial ! A présent vous allez pouvoir jouer avec le temps de ces deux moments simultanément.

Le sourire de Camille s'efface rapidement pour faire place à une expression de concentration, les deux mains bougent de façon indépendante, dans des rythmes et des mouvements différents.

Praticien : Bien sûr, faire ces deux choses demande beaucoup de ressources ! A un moment vous allez sentir que votre cerveau va vous faciliter la vie, comme il sait si bien le faire, et va relier ces deux tâches pour les faire travailler ensemble.

Ici j'utilise une division entre les deux éléments que Camille m'a donné : le repas où elle mange trop vite et l'émotion de tristesse au moment où elle ne peut physiquement plus suivre son mari et son fils en balade à vélo. Je travaille à installer la notion de contrôle sur la vitesse sur les deux éléments et enfin je relie les deux pour voir comment, sans jamais parler de poids, le cerveau (inconscient, automatisme, cortex antérieur…) de Camille va gérer ce nouveau mélange.

Les mains de Camille bougent encore un moment dans des rythmes et directions différentes avant de tout doucement se synchroniser à des hauteurs différentes.

Praticien : Quand cette synchronisation sera stable, vous sentirez vos mains se rapprocher l'une de l'autre.

Les mains se rapprochent.

Praticien : Puis quand elle se toucheront, c'est une nouvelle façon de faire qui pourra apparaitre. *(Les mains se touchent et s'entremêlent)* Inspirez très fort et laissez tout ce travail voyager en vous. *(après un moment)* Un, deux, trois, ouvrez les yeux.

Camille ouvre difficilement les yeux.

Praticien : Bravo, c'était intense.

Camille : Oui, je ne saurais même pas mettre de mots sur ce qui vient de se passer.

Praticien : Pas besoin, par contre je vous propose de tester tout de suite ce que vous venez de créer. Vous êtes toujours sous hypnose, n'est-ce pas ?

Camille : Heu, non je ne crois pas, enfin …

Praticien : Sentez comme vos paupières vous disent le contraire en clignant de plus en plus *(les paupières clignent effectivement)*, prenez une grande inspiration *(je passe ma main devant les yeux de Camille de haut en bas)* et laissez les yeux se fermer.

Praticien : Je vais vous demander de revenir au moment du repas et de me dire ce qui change.

Camille : Je vais moins vite mais toujours plus vite que ma famille.

Praticien : Très bien, alors revenez en arrière et croisez vos mains comme ceci *(je prends les mains de Camille et je les replace comme précédemment)*. Inspirez et sentez tous les changements mis en place juste avant.

Camille : Oui là je ralentis beaucoup.

Praticien : Vous êtes à la même vitesse que votre mari et votre fils ?

Camille : Oui

Praticien : Vous pouvez, si vous voulez, aller encore plus lentement. Allez-y, juste pour tester.

Camille inspire plus fort avec les mains toujours croisées.

Camille : Oui, là ils vont plus vite que moi.

Praticien : Très bien Camille, je vais compter jusqu'au chiffre cinq et au chiffre cinq vous allez pouvoir sortir de l'état d'hypnose complètement.

Réorientation :

Praticien : Un, tout le travail que vous avez mis en place aujourd'hui va venir s'installer en vous. Deux, il va venir compléter le travail en cours. Trois, ça sera simple et discret pour vous d'utiliser le croisement de vos mains, couplé à la respiration pour mettre en route ce mécanisme. Quatre, vous allez commencer à sortir de l'état d'hypnose, vous reconnecter aux sensations normales du corps, à une respiration normale, les mains peuvent bouger normalement, la nuque. Cinq, vous pouvez ouvrir les yeux, vous étirer et revenir complètement ici et maintenant.

Praticien : Encore une fois bravo, vous avez fait du superbe travail.

Camille : Merci, on verra ce que ça donne.

Praticien : Oui justement, ça serait dommage de ne pas mettre toutes les chances de votre côté pour bien profiter de tout ce travail. Alors je vais vous demander d'utiliser les mains qui se croisent, couplées à la respiration, avant chaque repas du soir. Allez-y, testez pour voir.

Camille croise les mains et inspire.

Camille : Oui je sens encore cet apaisement, je peux prendre mon temps.

Praticien : Génial, alors c'est votre job de l'utiliser avant les repas. Vous vous engagez sur ce point ?

Camille : Oui bien sûr, ça a bien marché la première fois, alors oui, je vais le faire.

Conclusion

En testant les automatismes avec Camille, un élément nouveau est apparu avec la balade en vélo. Les deux sont liés par deux choses, la notion de poids bien sûr et aussi la notion de vitesse qui était franchement bienvenue.

J'ai choisi de diviser les deux et de les travailler indépendamment pour les relier ensuite et voir comment Camille allait réagir avec ces paramètres modifiés.

Troisième séance

14/02/2022

Entretien

Praticien : Bonjour Camille. Alors dites-moi, comment se sont passées ces dernières semaines ?

Camille : Très bien, même si j'ai perdu moins de poids qu'entre les deux premières séances.

Praticien : Et comment se sont passés ces repas du soir ?

Camille : Je fais mon petit rituel des mains croisées et de la respiration. Le moment du repas est beaucoup plus posé et plus lent.

Praticien : Très bien bravo. Et vous faites ce rituel à chaque fois ?

Camille : Ah oui, j'aurais trop peur que ça ne marche plus.

Praticien : Oui, je comprends, mais maintenant vous pouvez essayer de ne plus le faire. Au bout de plusieurs semaines votre corps s'est sans doute habitué à cet automatisme. Et si ça n'est pas le cas, vous recommencez.

> Il est important de rappeler à Camille qu'elle reste actrice de son changement, que les outils mis en place avec l'hypnose et les ancrages qu'elle utilise ne sont qu'une phase vers un changement d'habitudes durable.

Camille : D'accord.

Praticien : Je pense que nous progressons à très bonne allure sur les changements d'habitudes liés à la nourriture. La prochaine étape va consister à réduire les doses dans votre assiette. Qu'en pensez-vous ?

Camille : Oui justement à ce sujet, j'ai fait mes petites recherches et j'ai vu sur internet qu'avec l'hypnose il était possible de poser un anneau gastrique virtuel.

> Beaucoup de clients viennent avec cette idée d'anneau gastrique virtuel, comme un moyen de régler leur problème de poids d'une façon magique. Pour moi c'est juste une suggestion comme une autre, mais je préfère construire avec mes clients quelque chose de plus personnel.

Praticien : Oui bien sûr je connais cette technique. Mais entre nous, je pense qu'avec vos facultés à aller en hypnose et votre imagination, ça serait dommage de se servir de cette image un peu fade du contrôle que vous pouvez avoir sur votre estomac au moment des repas.

Camille : Je ne sais pas, mais apparemment il y a de bons résultats avec ça.

Praticien : Oui comme sur ce que nous avons fait ensemble depuis deux séances. Ce que j'essaye de vous dire, c'est qu'avec les mêmes techniques, nous allons faire quelque chose qui vous convient à vous personnellement.

Camille : D'accord je comprends mieux, mais je ne vois pas bien comment vous allez faire… L'anneau c'est quand même très précis dans ma tête.

Praticien : Regardez ça va être très simple. Pour vous, un anneau, ça ferait quoi à votre estomac ?

Camille : Quelque chose qui pourrait serrer mon estomac, pour qu'il soit moins gros.

Camille fait le geste de serrer le poing au moment où elle me dit cette phrase.

Praticien : Génial, nous pouvons commencer à travailler en hypnose tout de suite, j'ai tout ce qu'il me faut.

Camille : Quoi ? déjà ?

Induction

Je fais le tour de mon bureau et me place avec ma chaise à coté de Camille.

Praticien : Vous pouvez me redire comment que ça serait?

Je refais le même geste qu'elle avec le poing.

Praticien : Vous sentez comme vous serrez votre poing en me parlant de l'estomac ?

Camille : Heu, oui.

Praticien : Pourtant c'est bien de votre estomac dont on est en train de parler, pas de votre main ?

Camille : Oui, mais je le sens comme ça.

Praticien : Je vais vous demander de regarder mes doigts.

> Ici je vais utiliser l'induction dite du butterfly, qui tire son nom du fait que l'hypnotiseur bouge sa main devant le visage du client en papillonnant des doigts.

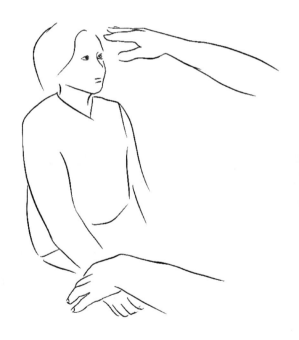

Je prends la main droite de Camille et la balance avec ma main gauche (comme dans les inductions précédentes) et je fais ce mouvement de la main droite qui papillonne devant le visage de Camille, des mouvements verticaux et horizontaux, de façon à ce que Camille ne le perde pas des yeux.

La main qui bouge le poignet ne doit pas suivre le même rythme ni le même sens que la main qui bouge devant le visage. Ceci n'est pas naturel et demande une petite indépendance entre les deux mains, je vous conseille de vous entrainer. Ce décalage des deux mains va contribuer à saturer les sens. Au niveau verbal, je vais procéder comme ceci :

Praticien : Je vais vous demander de suivre mes doigts et de ne pas les lâcher du regard. Et pendant que vous regardez mes doigts et que vous écoutez ma voix, sentez comme vos paupières commencent à fatiguer. Et à mon signal, je vous demande juste de fermer les paupières, mais en attendant, suivez mes doigts et DORMEZ !

Juste avant de dire le mot « dormez », je ratifie que les yeux de Camille ont cessé un instant de suivre mes doigts, c'est la brèche, le moment où elle sature et n'arrive plus à suivre. En même temps de dire le mot « dormez », je tire vivement (mais délicatement) sur la main droite de Camille, tout en descendant ma main droite pour emmener son regard.

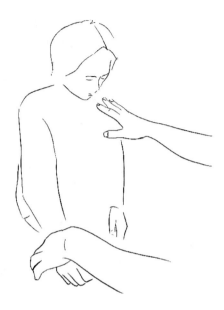

Praticien : Et dormez deux fois plus *(en appuyant sur l'épaule gauche)* et plongez encore plus profondément, toujours, et vous entendez ma voix.

Je prends la main droite de Camille.

Praticien : Camille, dans un moment je vais commencer à soulever votre main, et quand je la soulèverai, vous remonterez un peu de l'état d'hypnose. Et quand je tirerai sur votre main, vous replongerez plus profondément encore. C'est ok pour vous ?

Camille : Oui.

Je monte la main en simulant légèrement une lourdeur, comme si je n'arrivais pas à la soulever. Et je redescends la main rapidement.

Praticien : Et plus profond.

Je baisse la tête en disant « plus profond » de sorte à ce que ma voix paraisse venir d'en bas. Je refais cette étape quatre fois de suite et le corps de Camille est complètement relâché, couché sur ses cuisses.

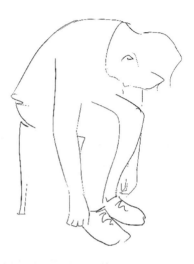

Praticien : Vous allez sentir que votre corps va se redresser sans que vous ayez besoin faire quoi que ce soit et qu'il va trouver la meilleure position pour cette séance.

Le corps de Camille reprend lentement une position normale sur la chaise, je prends sa main gauche et la retourne paume en l'air.

Phase de travail

Praticien : Camille, je vais vous demander de vous imaginer à table comme la dernière fois et de commencer à manger à vitesse normale comme vous savez le faire maintenant.

Camille : Oui voilà.

Praticien : Vous savez, manger plus lentement, comme ça, vous permet d'être plus à l'écoute de votre corps et de remarquer le signal qui vous prévient que vous avez assez mangé. Seulement, votre estomac a certainement dû se détendre un peu, il réclame donc plus de nourriture qu'il ne lui en faut réellement.

Camille : Oui là, je sens le signal, mais je peux encore manger.

Praticien : Très bien, c'est le moment où je vais vous demander de serrer le poing, comme vous me l'avez expliqué tout à l'heure.

Camille serre le poing.

Camille : Ça ne fait rien.

Praticien : Oui, car il faut relier ce poing à votre estomac.

Je pose ma main sur le ventre de Camille et je commence à refermer doucement sa main.

Praticien : Et sentez comme les deux vont fonctionner en même temps. Allez-y, contractez juste ce qu'il faut votre estomac pour qu'il comble le reste de vide, ni plus ni moins, et ça juste en serrant le poing.

Camille serre le poing rapidement et fort à tel point que son corps se cambre un peu quand son estomac se contracte.

Praticien : Wow doucement, c'est un peu brutal, serrez le poing lentement pour avoir le bon réglage.

Nous reprenons plusieurs fois l'exercice, relier l'estomac au poing qui se serre, et au bout d'un moment

Camille a quelque chose de beaucoup plus doux et progressif.

Praticien : Est-ce que ce réglage vous parait bien ?

Camille : Oui je pense.

Praticien : Je vais maintenant compter jusqu'à trois et à trois, vous sortirez de l'état d'hypnose

Réorientation :

Praticien : Un, tout ce travail va pouvoir se mettre en place au fil des heures, des jours qui arrivent. Deux, vous commencez à revenir ici et à vous reconnecter à ce qui vous entoure. Trois, vous pouvez ouvrir les yeux et revenir complètement ici. Camille, je vous propose de tester ce que nous venons de faire, c'est-à-dire fermer le poing et sentir comment votre estomac réagit.

Camille ferme lentement le poing.

Camille : Oui, mais c'est moins fort que tout à l'heure.

Praticien : Ok, alors fermez les yeux et inspirez profondément.

Camille : Oui, là c'est mieux.

Praticien : A vous de jouer alors. Le but pour vous va être de tester ce nouveau fonctionnement et de voir s'il s'adapte à vous.

Conclusion

Le but de cette séance a été de relier l'intention de Camille de serrer son estomac avec le geste de la main qu'elle m'a donné en début de séance et qui contenait déjà à mon sens beaucoup de choses utiles à la séance.

Je ne voulais également pas décevoir ses attentes avec son souhait concernant l'anneau gastrique. Cela fait partie du rapport de confiance entre ma cliente et moi, je me dois de respecter ses choix, ses interrogations et d'y répondre du mieux possible.

Quatrième séance

11/02/2022

Entretien

Praticien : Bonjour Camille, alors comment se sont passées ces dernières semaines ?

Camille : Pour le chocolat c'est toujours aussi bien, pour la vitesse des repas c'est bien aussi. Mais la dernière séance avec le point qui serre l'estomac, ça a marché trois jours et plus rien.

Praticien : Déjà la chose à remarquer c'est que les autres séances ont porté leurs fruits.

Camille : Oui, mais là j'ai peur de ne plus progresser.

Praticien : D'être arrivée au bout de ce que je peux vous apporter avec l'hypnose ?

Camille : Je ne sais pas et en même temps c'est déjà beaucoup.

Praticien : Vous vous rappelez au début de la première séance, je vous avais parlé qu'à un moment un blocage pouvait apparaitre dans notre travail sur les automatismes. Nous nous sommes réservés la possibilité d'explorer une partie plus émotionnelle liée à la nourriture.

Camille : Oui je me souviens et je suis d'accord. J'ai confiance, mais je ne vois pas quoi vous dire. Je ne sais vraiment pas ce qui bloque.

Praticien : Pour ça, je vous propose d'explorer sans plus tarder avec l'hypnose et de voir ce qui se passe.

Ici, il n'y a pas d'échec et rien ne sert de forcer les automatismes, l'exploration est la seule chose qui me semble adaptée.

Induction

Après plusieurs séances, Camille connait bien l'état d'hypnose et les inductions sont de plus en plus rapides. Je vais profiter de cette facilité pour choisir l'angle dans lequel j'aimerais diriger cette séance. Je choisis d'utiliser les mots « exploration », « cacher », « chercher ».

Je me tiens face à Camille et lui prends les deux mains. Puis je commence à les balancer.

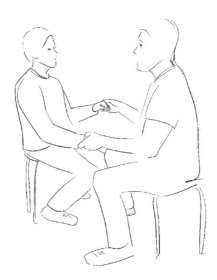

Praticien : Je vous demande maintenant de me regarder dans les yeux. Sentez comme cette exploration va vous demander de plonger à l'intérieur de vous.

Je tire légèrement vers le bas sur les bras au moment où je dis les mots : « plonger » et « intérieur », suggestions simultanées. Les paupières de Camille commencent déjà à cligner.

Praticien : Mais je vais vous demander de ne pas tout de suite plonger très profondément en hypnose. Mais seulement quand je vous dirais le mot « dormir ».

Avec le mot « plonger », je tire encore sur les bras.

Quand je demande à Camille de pas plonger en hypnose tout de suite, cela présuppose qu'elle va plonger en hypnose bientôt et de surcroit j'ajoute « très profondément ».

Praticien : Quand vous allez plonger, ça sera très profondément. Si profondément que vous pourriez bien trouver en explorant des choses inattendues, qui pourraient vous servir à avancer.

Ses yeux commencent vraiment à fatiguer.

Praticien : Dormir ! maintenant !

Je tire sur les bras et Camille perd tout son tonus musculaire en plongeant en hypnose.

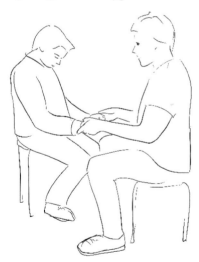

Praticien : Et vous remontez très difficilement à la conscience.

Je commence à remonter les bras de Camille, tout en reprenant le balancement, ce qui a pour effet de lui donner deux informations contradictoires. Les bras qui remontent avec la demande de revenir et les bras qui balancent qui font partis du paterne de l'induction.

Praticien : Et replongez deux fois plus.

Je descends les bras rapidement et le corps se relâche encore d'avantage.

Phase de travail

Après avoir suggéré à Camille de trouver la position la plus confortable pour la suite de la séance, nous pouvons commencer le travail.

Praticien : Vous savez Camille, au cours de nos séances, nous avons mis en place beaucoup de choses. Beaucoup d'automatismes ont pu être revus et modifiés. Cela vous a demandé beaucoup de travail personnel pour les entretenir et pour qu'ils se développent. Un peu comme une plante qu'on arrose, on dépoussière les feuilles pour qu'elle se porte au mieux.

Camille : Oui je vois.

Praticien : Que voyez-vous ?

Camille : Une plante devant moi.

Praticien : Et elle se porte comment, cette plante ?

Camille : Il y a des fleurs très belles, mais d'autres qui sont presque mortes.

Praticien : Et l'endroit où se trouve cette plante, vous pouvez me le décrire ?

Camille : C'est une pièce vide, il n'y a que cette plante.

Praticien : Et les racines de cette plante, vous les voyez ?

Camille : Oui, elles sont directement dans le sol.

Praticien : Très bien. Vous savez que l'endroit où les racines s'enfoncent est primordial à la santé de la plante.

Camille : Oui.

Praticien : Alors je vais vous proposer de regarder à travers le sol, pour voir jusqu'où vont les racines. Regardez bien le sol.

Camille : Oui, c'est de l'eau.

Praticien : Le sol complet est composé d'eau ?

Camille : Oui.

Praticien : Et vous pouvez voir jusqu'où vont les racines ?

Camille : Oui, c'est profond, comme le bassin d'une grande piscine, et les racines sont en bas, dans la terre au fond de l'eau.

Praticien : Ok, si vous regardez plus attentivement dans le fond, vous pouvez remarquer que certaines de ces racines sont comme sorties de terre.

Camille : Oui.

> Ici, c'est moi qui suggère à Camille les racines sorties de terre, mal enracinées. C'est le rôle du praticien de diriger le client dans son exploration.

Praticien : Vous pensez qu'il faut remettre ces racines en terre ?

Camille : Oui, sinon les fleurs vont mourir.

Praticien : Très bien, dans un instant je vais vous proposer de plonger au fond de ce bassin. Mais dans cette situation bien particulière, il vous sera facile de respirer sous l'eau d'accord ?

Camille : Oui.

> Lui proposer de vivre la plongée sans apnée me semble plus confortable pour Camille,

j'aurai pu lui proposer des bouteilles d'oxygène, mais je teste d'abord au plus simple et dans ce cas cela fonctionne, elle accepte la suggestion.

Praticien : Dans un instant, je vais vous dire « Go » et à ce mot, vous vous laisserez descendre au fond du bassin. Vous respirerez tout à fait normalement. C'est ok pour vous ?

Camille : Oui

Praticien : Alors Go…

Les bras de Camille montent comme si elle coulait dans une piscine.

Praticien : Et quand vous atteindrez le fond du bassin, vous pourrez tout simplement me le dire.

Quelques secondes plus tard, les bras de Camille descendent lentement.

Camille : Oui voilà.

Praticien : Vous pouvez mieux voir les racines et plus particulièrement celles sorties du sol ?

Camille : Oui.

Praticien : Très bien alors vous pouvez maintenant aller remettre ces racines dans le sol.

Les mains de Camille commencent à s'activer.

Praticien : Tout se passe bien ?

Camille : Oui, j'ai bientôt fini.

> À ce moment, je vois passer plusieurs expressions sur le visage de Camille. Dans un premier temps, je me dis que c'est sans doute l'effort du jardinage. Mais quelques instants plus tard, ce sont des micros expressions de peur que je vois apparaitre.

Praticien : Vous pouvez me dire ce qu'il se passe là ?

Camille : Il y a une boule noire dans l'eau et elle déterre toutes les racines.

Praticien : Cette boule noire représente-elle quelque chose pour vous ?

Camille : Je ne sais pas.

Praticien : Vous fait-elle peur ?

Camille : Oui

Praticien : Camille, vous avez deux choix en ce moment. Le premier est de sortir de l'eau et le deuxième de chasser cette boule pour finir le travail.

Camille : Oui je veux la chasser, mais comment ?

Praticien : Qu'est ce qui pourrait chasser une boule noire comme ça ?

Camille : De la lumière.

Praticien : Alors Camille, quand je vais lever votre bras, vous allez dégager de la lumière, une lumière blanche très forte à mesure que le bras monte.

Je monte le bras de Camille.

Praticien : Vous pouvez me dire ce qu'il se passe ?

Camille : Oui, elle arrête de détruire mon travail, mais elle reste là.

Praticien : Que pensez-vous d'avancer vers elle ?

Camille : Euh, je ne sais pas trop, ça me fait peur.

Praticien : A vous de choisir.

Je monte le bras de Camille encore plus haut.

Camille : Oui je vais vers elle.

Praticien : Comment réagit-elle ?

Camille : Elle recule, elle est acculée dans le coin du bassin, elle rétrécit, mais elle est encore là.

Praticien : Vous voulez plus de lumière ?

Camille : Oui, s'il vous plaît.

Je monte le bras un maximum, je me lève même pour tirer dessus.

Camille : Elle rétrécit, elle est minuscule.

Praticien : Voulez-vous la faire disparaitre totalement ?

Camille : Oui !

Praticien : Alors allez-y et quand vous aurez terminé, vous pourrez retourner à votre jardinage.

Camille : Oui voilà, c'est fini.

Je laisse le bras de Camille redescendre.

Praticien : Très bien, comment sont les racines ?

Camille : Bien en terre.

Praticien : Ok, alors vous allez pouvoir prendre une grande inspiration, vous laisser remonter tout simplement et voir comment se porte votre plante.

Camille : Oui, voilà elle est belle, de belles fleurs.

Praticien : Vous sentez le parfum des fleurs.

Camille : Oui *(elle inspire très fortement).*

Praticien : Et elles ont toutes un parfum différent?

Camille : Oui *(la tête bouge de droite à gauche et Camille inspire).*

Réorientation

Praticien : Alors quand vous aurez terminé d'apprécier le parfum de vos fleurs, vous pourrez tout simplement sortir de cet état d'hypnose et revenir ici dans ce cabinet.

Camille reste plusieurs minutes à respirer et tourner la tête, puis s'arrête de bouger et sort progressivement de l'état de transe.

Praticien : Comment avez-vous vécu cette séance ?

Camille : Je sais exactement ce qu'était cette boule noire.

Praticien : Vous voulez partager ceci avec moi ou garder ça pour vous ?

Camille : Oui bien sûr, je vais vous expliquer.

J'avoue que j'aurais été déçu du contraire...

Camille : Il y a trente ans, juste après la naissance de mon fils, j'ai fait un régime et ça a très bien fonctionné, j'ai perdu du poids rapidement, j'étais vraiment fière de ça. Seulement ce n'était pas le régime qui me faisait perdre du poids mais un cancer du pancréas qu'ils m'ont trouvé peu de temps après mon accouchement.

Praticien : Et c'est ce cancer que représentait cette boule au fond de l'eau ?

Camille : Pas vraiment, plus la peur que j'ai ressentie en pensant à mon fils qui pourrait grandir sans sa maman. J'avais complètement oublié cette histoire de régime.

Praticien : Pas totalement apparemment.

Camille : C'est quand même très surprenant, notre esprit enregistre et associe les choses.

Praticien : Ne m'en parlez pas ! *(rire partagé)*

Conclusion

Cette séance était à la fois surprenante, riche et intense. Les automatismes mis en place pendant les séances se sont retrouvés comme bloqués par une association inconsciente de la satisfaction de perdre du poids et celle d'être en danger.

Pour cette séance, il me fallait subtilement guider Camille dans cette exploration vers ce qui me semblait propice au changement. Sans savoir de quoi il en retournait avant la sortie de trance et les explications de Camille.

Cinquième séance

04/03/2022

Entretien

Praticien : Bonjour Camille, alors comment allez-vous ?

Camille : Bien, je suis encore troublée par notre dernière séance.

Praticien : De quelle façon ?

Camille : Par ce lien entre ma perte de poids et cette peur que j'ai eue au moment où j'ai appris pour mon cancer.

Praticien : Et vous sentez que cette dernière séance vous aide à atteindre votre objectif de perte de poids ?

Camille : Oui et en même temps, c'est passé au second plan. Je veux dire par là que tout notre travail va être vraiment actif et efficace si je continue à me débarrasser de cette peur. Je ne sais pas trop comment vous décrire ça, mais j'ai l'impression d'avoir mis le doigt dessus *(elle pose les mains sur son ventre)* et j'ai pris conscience de l'importance de vraiment en finir avec cette peur. Je suis guérie depuis très longtemps et c'est du passé, j'aimerai donc vraiment mettre cette peur au placard.

Praticien : Rien à ajouter, on se met au travail ?

Camille : Aller !

Induction

Camille est déjà familiarisée avec l'hypnose et la phase d'induction est presque une formalité. Je vais procéder un peu différemment pour tester quelque chose.

Praticien : Alors avant de vous asseoir dans le fauteuil, je vais vous donner quelques consignes.

Je prends le bras de Camille et commence à le balancer.

Praticien : Quand vous irez vous asseoir dans le fauteuil, vous sentirez vos paupières devenir extrêmement lourdes *(à ces mots les paupières de Camille clignent déjà).* Et donc ça sera très simple pour vous de vous laisser plonger dans cet état d'hypnose que vous connaissez très bien. Vous pouvez vous installer dans le fauteuil.

Camille s'installe confortablement dans le fauteuil, ses yeux commencent à cligner plusieurs fois et à se fermer.

Plus une personne pratique l'hypnose et plus cela devient simple pour elle d'y accéder rapidement et profondément.

Praticien : Camille je vais dans un instant vous demander d'ouvrir les yeux. A mon signal vous vous détendrez dix fois plus. Ouvrez les yeux et fermez-les, dix fois plus détendus.

Je place ma main devant les yeux de Camille, à une dizaine de centimètres du visage de façon à obstruer son champ de vision. Quand je lui donne l'instruction de fermer les yeux à nouveau, je monte la main légèrement et la redescends plus bas que son champ de vision, de façon à lui faire fermer les paupières encore plus naturellement.

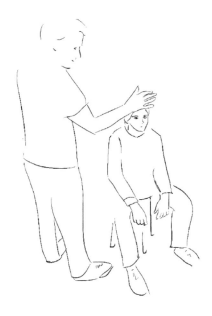

Praticien : Camille je vais dans un instant vous demander d'ouvrir les yeux et à mon signal vous vous détendrez deux fois plus. Ouvrez les yeux et fermez-les deux fois plus détendus.

Ici je répète exactement la même consigne et les mêmes gestes à un point prés : au lieu de dire « dix fois plus » je dis « deux fois plus ». Le coté répétitif aide à confusionner un peu plus le sujet. Je répète le fractionnement une dernière fois.

Praticien : Camille, je vais dans un instant vous demander d'ouvrir les yeux et à mon signal vous vous détendrez encore plus profondément. Ouvrez les yeux, fermez-les et détendez-vous encore plus profondément.

Cette technique vient de « l'induction de David Elman », ici je n'utilise que la partie fractionnement. En revanche, j'utilise cette induction complète pour tout ce qui concerne la douleur, créant une anesthésie. Les ouvrages les plus complets et précis (en français) que j'ai pu lire sur l'hypnose Elmanienne sont ceux écrits par Brice Lemaire: « Les indispensables de l'hypnose Elmanienne. »

Praticien : Dans un moment, je vais vous demander d'ouvrir les yeux. Mais avant vous allez complètement oublier votre prénom, vous allez sentir que je touche votre crâne et votre prénom viendra tout naturellement se loger dans le creux de ma main. Vous aurez juste à me dire oui quand il sera complétement sorti de votre esprit. C'est d'accord pour vous ?

Camille : *(Hochement de tête).*

Ici ma proposition peut sembler complètement farfelu (mettre le prénom dans le creux de ma main), mais il ne faut surtout pas oublier que l'état d'hypnose est vraiment adapté et propice à ce genre de demande.

Je pose ma main sur la tête de Camille et la retire avec un bruit d'aspiration pffffe.

Camille : Oui

Praticien : Ouvrez les yeux.

Camille ouvre difficilement les yeux.

Camille : Oh j'étais partie loin là !

Praticien : Oui, je pense aussi, mais dites-moi votre prénom ?

Camille : Euh, mais !

Praticien : Comment vous appelez-vous ?

Camille : Je le sais, mais ça ne vient pas. C'est……non ça ne vient vraiment pas.

Praticien : Oui c'est normal, il est dans ma main.

Je pose ma main sur le crâne de Camille, comme si je remettais le prénom à sa place.

Camille : Camille ! Oui c'est Camille.

Praticien : Bien sûr que c'est bien ça. Et dans un instant, je vais vous demander de compter à voix haute combien de lettres il y a dans votre prénom en commençant par la dernière lettre. Au chiffre cinq vous retomberez très profondément en hypnose, allez-y.

Ici, demander de commencer par la dernière lettre est clairement dans le but de créer un peu plus de confusion mentale (Même si ici je n'en ai pas besoin, mais qui peut le plus peut le moins comme on dit). Une amnésie nécessite une profondeur de transe qui est la même à atteindre que pour une régression en âge (ce que je compte faire). Je m'assure donc d'y avoir accès dès le début de la séance.

Camille : Heu, un, deux ... trois ...quatre ......cinq...

Camille retombe complètement dans un état hypnotique très profond, avec un gros relâchement musculaire.

Phase de travail

Praticien : J'aimerais que vous reveniez à cette période ou plutôt juste avant qu'on vous annonce votre cancer. Où vous trouviez-vous ?

Camille : Chez le docteur, dans son cabinet.

Praticien : Camille, vous allez voir comme c'est surprenant de retrouver chaque détail de son cabinet, même les objets posés sur son bureau, les cadres sur le mur. Prenez le temps d'observer.

Camille : Oui il y a un cadre avec sa femme et ses enfants. Sa femme est très belle.

Praticien : Et quoi d'autre ?

La tête de Camille bouge comme si elle observait la pièce.

Camille : Un tableau abstrait, et aussi un minitel.

Praticien : Camille, à présent le docteur va vous annoncer une mauvaise nouvelle et je vais vous demander d'être très attentive à votre façon de réagir et aussi aux émotions qui vont venir.

Camille : Oui d'accord.

Praticien : Alors allez-y.

Je peux lire plusieurs micro expressions sur le visage de Camille.

Praticien : Dites-moi qu'avez-vous ressenti, quelles émotions ?

Camille : C'est passé trop vite, mais de la surprise au départ c'est sûr, je ne m'attendais pas à ça.

Praticien : Vous allez revenir en arrière et revivre cette scène au ralenti, comme vous savez déjà le faire. Et bien observer ces émotions qui vous traversent. Dans un instant votre main droite *(je lui touche la main)* va commencer à se lever et avec cette main qui se lève, tous ces moments que vous vivez vont ralentir.

Camille : Oui d'accord.

> Je peux me permettre d'aller vite pour donner cette consigne, je sais que Camille a déjà expérimenté ce ralenti dans une précédente séance.

La main de Camille commence à se lever et les expressions apparaissent.

Praticien : Alors prenez votre temps pour bien sentir les émotions et dites-moi ce que vous ressentez.

A ce moment, je vois le visage de Camille passer par plusieurs micro expressions d'émotions, qui deviennent avec le ralenti, de véritables expressions. J'avoue que c'est assez troublant.

Camille : *(la voix très lente avec un ton beaucoup plus bas que sa tonalité normale).* Je suis surprise, c'est vraiment inattendu, je suis déçue, triste et je me sens stupide aussi.

Praticien : Stupide ?

Camille : Oui, stupide d'avoir cru que je perdais du poids seule après ma grossesse.

Praticien : D'accord et quoi d'autre ?

Camille : J'ai peur, très peur.

Praticien : Peur de mourir ?

Camille : Peur pour mon fils, qu'il se retrouve sans maman et aussi … peur de lui avoir transmis ce cancer pendant ma grossesse. *(Elle se met à respirer très vite et à pleurer).*

> Ici l'émotion liée à ce moment est encore très forte et je vais choisir de dissocier Camille pour continuer le travail.

Praticien : Très bien, Camille, dans un moment, je vais compter jusqu'au chiffre trois et à trois, vous allez prendre une grande inspiration. En faisant ceci, vous allez sortir de la Camille de cette époque, tout en restant dans ce moment avec elle. C'est bien compris ?

Entre deux sanglots, elle me fait signe oui de la tête.

Praticien : Alors un, deux et trois, inspirez très fort !

Camille inspire très fortement.

Praticien : Expirez et relâchez complètement pfffffff.

J'appuie sur l'épaule de Camille en même temps que le pff (suggestions simultanées). Le corps se relâche complètement et Camille arrête de pleurer. La respiration redevient normale.

Praticien : Camille, j'aimerais que vous regardiez cette jeune femme, jeune maman devant ce docteur. Que voyez-vous ?

Camille : Elle a peur.

Praticien : Et vous, que pensez-vous de ces peurs, la peur de ne pas pouvoir voir ses enfants grandir et celle d'avoir transmis ce cancer au bébé ?

Camille : Il ne faut pas.

Praticien : Pourquoi ? C'est une peur légitime.

Camille : Oui, mais ça va bien se passer.

Praticien : Pourquoi, qu'est-ce qui vous fait dire ça ?

Camille : Mes enfants vont très bien, je vais même être grand-mère bientôt et ils n'ont jamais eu de problème de santé.

Praticien : Et cette jeune Camille ?

Camille : Ça s'est bien passé, j'ai eu une grosse année où j'étais vraiment fatiguée, mais je me suis bien remise.

Praticien : Vous ne pensez pas que la jeune femme effrayée devant ce docteur aurait bien besoin d'entendre ça ?

Grand sourire sur le visage de Camille.

Camille : Oui, bien sûr que oui.

Ici Camille a fait une division entre la personne qu'elle est à présent et la jeune femme qui a eu très peur à l'époque. C'est une grande force de l'hypnose : pourvoir réinterpréter des évènements du passé avec la force et l'expérience que le client possède aujourd'hui.

Praticien : Alors allez-y, dites-lui tout ça.

Camille : D'accord.

Praticien : Et quand vous aurez terminé, vous pourrez me le dire.

Camille reste quelques minutes avec juste des mouvements de la tête puis elle m'indique que c'est fait.

Praticien : Elle est rassurée ?

Camille : Oui beaucoup.

Praticien : Très bien, il est temps de prendre cette jeune Camille dans vos bras et de sentir qu'elle revient en vous à chaque inspiration. Respirez profondément pour faire entrer tous ces changements en vous.

Les bras de Camille se referment sur elle-même et elle inspire profondément.

Praticien : Inspirez encore plus pour que tout votre corps intègre ces nouveaux paramètres.

Réorientation :

Praticien : Dans un instant je vais compter jusqu'à trois et à trois, vous sortirez complétement de cet état d'hypnose. Avec le un, tous ces changements que vous avez opérés aujourd'hui sur votre perception du passé vont pouvoir prendre place à leur rythme dans votre présent. Avec le deux, vous commencez à vous reconnecter aux sensations normales de votre corps et bouger normalement. Avec le trois, vous pouvez revenir ici et maintenant, en pleine forme.

Conclusion

Dans cette séance j'utilise dans un premier temps la régression pour retrouver le moment précis où Camille a subi ce choc quand elle a appris le diagnostic du médecin. Puis je lui fais revivre les émotions au ralenti pour bien comprendre de quoi il en retourne. J'utilise ensuite la dissociation, car je vois que l'émotion est trop forte pour être affrontée dans ce temps. Et pour finir, c'est la Camille du présent qui vient expliquer à celle du passé que tout va bien se passer. Il ne reste plus qu'à lier ce que j'ai divisé, c'est-à-dire la Camille du passé et celle du présent.

La réinterprétation d'un événement douloureux comme celui-ci est souvent la clé d'un changement chez le client.

Conclusion finale des cinq séances

L'hypnose peut avoir un aspect magique quand on parle de perte poids ou d'arrêt du tabac. Mais malheureusement, il n'y a pas de formule miracle qui pourrait permettre aux praticiens d'avoir un seul et unique protocole qui collerait parfaitement à tous les clients.

Dans le cas de Camille, j'ai tout simplement respecté sa demande de base, à savoir l'aider à ne pas céder à ses pulsions face à la nourriture. Nous avons donc travaillé sur les automatismes pour qu'elle mange moins. Bien sûr, rétrospectivement, le travail aurait pu sembler plus logique si nous avions commencé par ce qui bloquait Camille émotionnellement, mais est-ce que j'y aurais eu accès ?

Je pense que respecter le choix du client est primordial et indispensable pour créer un bon rapport. Pour beaucoup de clients, juste travailler sur les automatismes (le symptôme) s'avère très efficace et durable. Il n'y a donc pas de règle ni de plan de travail.

Comme la majorité des personnes qui consultent un hypnotiseur pour perdre du poids, Camille arrive avec le passif d'avoir testé beaucoup de régimes avec des résultats qui ne sont pas ceux espérés. L'hypnose est un peu le dernier espoir, pas très rationnel, comme une dernière chance un peu désespérée. Pas très confortable comme cadre de travail me direz-vous !

L'idée est de faire comprendre au client qu'il devra s'investir dans la démarche. Ne pas hésiter à l'impliquer de différentes manières, par exemple avec des prescriptions de tâches. Elles peuvent être très simples, comme ici faire acheter à Camille du chocolat de meilleure qualité. Cette démarche toute simple va servir aussi d'ancrage au moment précis où elle va sortir cette nouvelle plaque (« j'ai payé plus cher ce chocolat, je vais en manger moins, comme ça le travail que j'ai fait en hypnose sera optimisé »). Je pense qu'il est indispensable de trouver le moyen de rendre le client actif dans ce genre de demande.

Ici nous pouvons voir le travail en deux phases : les trois premières séances où je travaille sur le symptôme avec les automatismes. Et pour les deux dernières où je travaille sur la cause (ou une des causes) avec un travail d'exploration. Ceci n'est pas un protocole, ni une façon de travailler à suivre à la lettre, tous les clients sont différents. Les séances méritent d'être complètement adaptatives. Ce livre est fait pour vous donner des idées pour vos propres séances.

OUTILS UTILISES

La boîte à outils

Il me semblait important de revenir plus en détail sur certains outils que j'utilise au cours de ces cinq séances. Ils sont peu nombreux, mais s'adaptent à beaucoup de situations. J'ai toujours été troublé par la complexité de mise en place de ces outils dans les manuels d'hypnose pour les praticiens. Il y a un décalage entre ce qui est décrit (par exemple obtenir une amnésie me parait très protocolaire et compliqué), et ce qu'un hypnotiseur de spectacle ou de rue obtient généralement en quelques secondes. Pour ma part, je n'utilise pas de protocole et je ne prépare pas de stratégie à l'avance car je travaille avec ce que me donne le client. Improviser et construire avec ce qu'il va apporter en séance me semble primordial. De ce fait, il me faut des outils et techniques simples, utilisables dans l'instant. Il me semblerait complètement contreproductif de prendre vingt minutes à mettre en place un outil qui peut être obtenu en moins d'une minute. C'est aussi une charge mentale énorme pour un praticien débutant (ou non) de ne pas avoir accès à cette simplicité.

La régression

Souvenir hypnotique

Il faut bien différencier la régression en âge et le souvenir hypnotique, qui consiste à retrouver un souvenir et sa situation.

Dans les premières séances où je travaille sur les automatismes, je demande à Camille de retrouver le souvenir d'un moment où elle passe à table. Pour ceci je n'ai pas besoin d'une vraie régression en âge. Elle passe à table tous les jours et avec les mêmes automatismes, je ne vais pas sur un moment précis de sa vie, mais sur une habitude. Je vais juste chercher le contexte, nous l'appellerons le souvenir hypnotique. Ce souvenir hypnotique est quasiment indissociable de mon travail en cabinet, il m'aide à recréer le contexte et me permet d'avoir accès aux émotions qui se jouent à ce moment précis. C'est également une sorte d'état des lieux qui me permet d'étalonner le problème dans cette situation, pour pouvoir comparer le changement une fois le travail effectué. Je n'hésite donc pas à replonger le client dans ce souvenir hypnotique plusieurs fois pour voir si les choses bougent ou non.

Pour mettre en pratique ce souvenir hypnotique c'est assez simple. Je demande simplement à mon client de retourner dans cette situation.

Quelques exemples de souvenirs hypnotiques

- Peur de conduire :

Praticien : Très bien, je vais vous de demander de retourner dans un de ces moments où vous avez peur de conduire. Vous êtes derrière votre volant et vous commencez à rouler. Vous m'avez parlé tout à l'heure de cette peur qui commence à monter quand vous commencez à prendre de la vitesse...

- **Vertige dans la foule**

Praticien : Marie, vous m'avez expliqué comme tout se mettait à tourner et à tanguer au moment où beaucoup de gens sont autour de vous. J'aimerais que vous vous reconnectiez à ce moment où vous êtes au supermarché. *(Confirmation de la cliente)* Pour le moment c'est assez calme, mais plus vous avancez avec votre caddie *(contexte que la cliente m'a donné plus tôt dans l'entretien)* et plus vous commencez à vous reconnecter à ces vertiges, sentez comme ceci devient oppressant.

- **Peur de parler en public**

Praticien : Ari, j'aimerais que vous vous reconnectiez au moment qui précède votre arrivée dans la salle de réunion. Quand vous vous placerez devant votre auditoire, dites-moi ce qui se passe…

Dans tous ces exemples, la méthode est simple, je reprends le contexte que le client m'a donné dans l'entretien et je reformule simplement et clairement la situation dans laquelle j'aimerais qu'il se replonge.

Régression en âge

Pour la régression en âge, je vais demander au client de revivre un événement à un moment précis, à un âge précis. Je vais procéder légèrement différemment. Tout d'abord, dans la profondeur de transe, obtenir l'amnésie (du prénom, d'un chiffre, de l'adresse...) est un bon point de repère pour accéder à la régression en âge. Quand je parle de profondeur de transe, je ne parle pas du temps d'induction. Un état d'hypnose profond s'obtient très bien en moins d'une minute.

La régression en âge est vécue par le client comme s'il était vraiment revenu à l'âge demandé. Si un homme de cinquante ans retourne à l'âge d'un petit garçon de onze ans, il parlera comme un petit garçon de onze ans, aussi bien dans le vocabulaire employé que dans sa façon de parler, son timbre de voix. Tout ce qu'il a vécu après l'âge de onze ans ne lui sera pas accessible, d'où l'intérêt d'atteindre l'amnésie avant la régression en âge.

Pour y parvenir, je vais lui demander de retourner à cet âge au moment qui nous intéresse et lui demander de me donner des détails de ce qui l'entoure.

Quelques exemples de régression en âge

- Peur d'être seul en voiture

Praticien : Benjamin, je vais vous demander de retourner à l'âge de neuf ans, au moment où vous étiez dans cette voiture tout seul et que vous vous demandiez si vos parents allaient revenir. Vous retournez à cet âge, vous êtes un petit garçon de neuf ans. Et j'aimerais que tu me décrives ce que tu vois dans la voiture, la couleur des sièges, les poignées des portières …

Ici je passe du vouvoiement au tutoiement pour des raisons évidentes de cohérence. Je vouvoie l'adulte mais je tutoie l'enfant.

- **Phobie de l'eau :**

Praticien : Christophe, vous allez revenir à l'âge de douze ans, quand vous alliez à la piscine avec votre classe de collège. Vous êtes dans le hall de la piscine vous avez exactement douze ans, exactement le jour où vous le maitre-nageur vous a forcé à plonger. Vous pouvez sentir l'odeur qui se dégage de cet endroit ?

Christophe : Oui, l'odeur du chlore.

Praticien : J'aimerais que tu observes la pièce et que tu me dises ce que tu peux voir.

Christophe : Oui il y a un distributeur de coca.

Praticien : Et quoi d'autre ?

Christophe : Oui les copains sont là. *(Sa voix est modifiée).*

Praticien : Ah, y'a qui comme copains ?

Christophe : Nicolas, Éric…….

Vous pouvez constater que ma façon d'installer la régression en âge est très directe et très simple. Je pars du principe que si le client ne me comprend pas clairement, cela ne peut que compliquer le processus. Le ton de ma voix est aussi le même que pendant l'entretien. Personnellement je trouverais bizarre et peu rassurant qu'une personne commence à changer de voix et de vocabulaire d'un seul coup en me parlant.

Le Magnétoscope distorsion du temps

Magnéto

Adolescent, j'étais passionné par le film « Alien » de Ridley Scott, et encore d'avantage par les rares apparitions du monstre, le fameux Xénomorphe. Si bien que je faisais sans arrêt la pause avec le magnétoscope de mes parents pour pouvoir l'observer plus longuement et ensuite stopper sur la réaction des acteurs au moment où ils étaient confrontés à la créature. Le moment précis où tout bascule. C'est assez naturellement que pendant mes consultations en hypnose, j'ai demandé à mes clients de revenir en arrière lorsque je leur demandais de revivre un évènement, de stopper et même de ralentir pour pouvoir observer avec plus de facilité le moment précis où quelque chose se passe.

Je pense que les clients ont tous cette référence de magnétoscope, lecteur dvd, ou lecteur media Player. En tout cas, selon l'époque, la technologie permettant revenir en arrière, ralentir, accélérer et même zoomer. Il suffit juste de le demander.

Un exemple

Demande du client : ne plus perdre le contrôle et ne plus s'énerver sur son fils.

Praticien : Marc, j'aimerais que vous puissiez vous replonger dans un de ces moments avec votre fils où vous avez l'impression qu'il vous nargue. Vous sentez que vous commencez à perdre le contrôle.

Marc : Oui il commence prendre son petit air arrogant et ça m'énerve.

Praticien : Ça monte là ?

Marc : Oui, je commence à m'emporter, je crie !

Praticien : Alors stop ! Revenez en arrière, je vais vous demander de revoir cette scène, mais cette fois ça va se passer très lentement et vous allez pouvoir observer avec attention les réactions de votre fils. Comme si vous regardiez un film au ralenti. Lecture !

Marc : Oui, je vois que ce n'est pas vraiment de l'arrogance.

Praticien : Faites retour et ralentissez encore d'avantage pour voir vraiment de quoi il s'agit.

Marc : C'est ...c'est de la peur, il est pétrifié de peur *(Marc se met à pleurer).*

Ecore une fois, cette technique est assez simple à mettre en œuvre et c'est toujours la clarté dans les instructions qui prime. Une idée reçue assez répandue voudrait que les hypnotiseurs aient beaucoup d'éloquence et utilisent des tournures de phrases très élaborées. Personnellement, ma façon de parler est la même en temps normal qu'avec un client sous hypnose. Je peux de temps en temps ralentir ma vitesse de diction quand je demande au client de ralentir, mais c'est très subtil et si c'est exagéré, le client (et moi) pourrait trouver cela complétement ridicule et de fait détériorer le travail en cours. Est-ce que le jeu en vaut la chandelle ?

En ce qui concerne les mots que j'utilise, je demande de « ralentir », ou « accélérer », « zoomer », bref, des références audiovisuelles. Si le client a vingt ans, je vais d'avantage parler de YouTube que de magnétoscope...

Dissociation

Exemple de François, pour un arrêt tabac

J'utilise cette technique dans beaucoup de mes séances. Voir un évènement ou un comportement de manière dissociée peut faire changer le client. Je l'ai utilisé avec Camille, quand elle se voit chez le docteur de l'extérieur au moment de l'annonce de sa maladie. Voici l'exemple de François, dans le cas d'un arrêt tabac :

Praticien : Dans quelle situation sentez-vous que la cigarette nuit à votre santé et vous empêche d'accomplir des choses ?

François : Quand je promène mon chien et que sur le parcours il y a une pente assez forte.

Praticien : Alors quand vous commencez à gravir cette pente, que ressentez-vous ?

François : C'est difficile, je n'ai plus de souffle.

Praticien : Et que dites-vous de ça à ce moment-là ?

François : Il faut que j'arrête de fumer, c'est n'importe quoi.

Praticien : Alors maintenant vous allez sortir de cette personne en train de monter cette pente, comme si vous pouviez vous voir de l'extérieur. Vous êtes là sur le côté du chemin en train d'observer ce gars qui crache ses poumons et qui a vraiment du mal.

François : Oui je le vois.

Praticien : Alors qu'est-ce que ça vous fait de le voir comme ça ?

François : Pauvre gars, il a l'air minable et c'est sa faute, il est con.

Praticien : Oui et cette personne c'est vous et vous le savez. Alors je suis sûr que vous connaissez les mots qui le feraient bouger, ce gars.

François : Ouais carrément !

Praticien : Alors allez lui dire.

Suite à la discussion, je demande au client de réintégrer cet autre lui à l'intérieur et mettre à jour tous les changements que cela apporte. Je lie toujours cela à un phénomène idéomoteur pour que le corps réagisse aux changements. C'est un peu la passerelle entre ce qui vient de se produite dans ce monde d'hypnose qui prend place dans le corps et la réalité.

Praticien : Alors sentez comme vos mains se rapprochent de votre corps à mesure que vous réintégrez cette partie de vous et à chaque inspiration, ces changements prennent place à l'intérieur de vous, à mesure que les mains se rapprochent de plus en plus de votre corps.

Exemple de Sabine, suite à accident de voiture

Voici un second exemple, celui de Sabine qui a eu un accident de voiture sans gravité. Une peur de conduire s'est installée par la suite. Sabine a mal jugé la distance de freinage et a percuté un camion à l'arrêt. Les dégâts sont minimes, mais la circulation était bloquée. Elle était sous le choc et s'est sentie complétement perdue et seule.

Praticien : *(juste après le choc)* J'aimerais que vous sortiez de votre corps et que vous regardiez cette scène de l'extérieur, comme si vous étiez avec tous ces curieux qui regardent cette femme sortant de sa voiture.

Sabine : Oui je la vois, c'est moi.

Praticien : Très bien Sabine, que vous diriez-vous de cette femme ?

Sabine : Elle est terrifiée, elle a peur et personne ne vient à son aide. Il y a ce camionneur qui lui parle de son constat et elle est perdue.

Praticien : Ok, alors vous avez tout ce recul pour comprendre que ce n'était grave. Mais vous pouvez voir, là maintenant, à quel point une personne attentionnée serait d'un grand secours pour l'aider à mieux vivre cette situation.

Sabine : Oui, oui, complétement, c'est bien trop rapide pour elle.

Praticien : Alors allez l'aider à gérer cette situation et à lui expliquer que c'est très perturbant sur l'instant, mais qu'il n'y a rien de grave.

Sabine : Oui je vais l'aider !

Quand un évènement est choquant, c'est parfois très difficile et douloureux d'y repenser sans réactiver une certaine peur ou douleur, comparable à celle vécue sur le moment. Il est donc très difficile, même avec beaucoup de recul et une expérience de vie comme bagage, d'agir sur cet évènement passé, qui est parasité par l'émotion. La dissociation sous hypnose permet au client de revivre cette expérience avec une certaine distance. Cela lui permet d'apporter enfin les ressources actuelles à un évènement passé et de le réinterpréter.

Incarnation

Exemple de Paul, contre le trac

Il y a beaucoup de façons d'utiliser l'incarnation. Etre dans le corps et dans la tête de quelqu'un d'autre peut avoir des effets impressionnants sur la réinterprétation d'une situation ou d'un jugement. Cet outil peut aussi être très utile dans le dépassement de soi.

Voici l'exemple de Paul, pour l'aider à lutter contre le trac au moment de monter sur scène au théâtre :

Praticien : Paul, quand vous allez ouvrir les yeux dans un instant, vous allez entrer dans la peau de Francis Huster, vous allez avoir la même aisance, le même charisme et surtout la même expérience du théâtre. Une fois sur scène plus rien ne compte, juste la performance et le rôle.

Exemple d'Alice, pour oser parler

Dans ce nouvel exemple, c'est Alice qui n'ose pas dire ce qu'elle pense dans le cadre d'une conversation.

Praticien : Vous connaissez quelqu'un qui réagirait différemment, qui répondrait comme vous aimeriez répondre dans ce style de situation ?

Alice : Ah ça oui, mon frère. Avec lui ça serait différent. Il a l'art de dire ce qu'il à dire de façon très simple, sans tension, et le message passe.

Praticien : *(retour en transe)* Très bien Alice, quand vous allez revenir au compte de trois, vous allez être votre frère, vous allez ressentir comme tout est calme en lui dans ce genre de situation…

Exemple de Marc, pour un arrêt tabac

Un autre exemple ici avec Marc dans le cadre d'un arrêt du tabac. Nous sommes en deuxième séance et même si Marc a énormément réduit sa consommation de cigarettes, il en a repris une lors d'un apéro en famille.

Praticien : Quand vous avez accepté cette cigarette, vous avez sans doute regardé votre femme à coté de vous ?

Marc : Oui vite fait, j'ai vu que son regard s'était durci… mais bon, j'ai quand même pris la cigarette.

Praticien : Que pensez-vous qu'elle ait ressenti ?

Marc : De la colère, une déception, c'est sûr.

Praticien : Rien d'autre ?

Marc : Non.

Praticien : Dans un instant vous allez être votre femme, au moment où vous avez pris cette cigarette, vous allez voir, sentir et surtout ressentir tout ce qu'elle pense, ressent, maintenant... Vous pouvez me dire ce qu'il se passe ?

Marc : Elle a peur, elle a tellement peur pour moi et ça la rend triste.

Praticien : Elle a peur de quoi ?

Marc : De me perdre, que je meurs à cause de cette merde, je ne savais pas qu'elle avait aussi peur.

Hallucinations

Hallucination kinesthésique

A mon grand étonnement, peu de praticiens utilisent les hallucinations en séance. Peut-être par peur que cela ne fonctionne pas. Je pense que c'est extrêmement dommage de se passer d'un tel outil qui est pour moi un des piliers de notre profession, au même titre que la dissociation ou la régression.

Tout d'abord les hallucinations kinesthésiques : Vous avez déjà tous expérimenté le test du « livre et du ballon ». Le poids du livre dans une main qui commence à descendre avec le poids et l'autre main avec des ballons au bout d'une ficelle accrochée au poignet et qui commence à monter. Ce test est très bien pour engager le client vers l'état d'hypnose de façon ludique, mais bien d'autres utilisations sont accessibles aussi facilement.

Voici un exemple d'hallucination kinesthésique mis en place spontanément par un client :

Houcine vient me voir car il a l'impression de ne plus avancer professionnellement. J'étais en train de lui tenir les deux poignets avec d'un côté les ressources qu'il mobilise déjà dans un autre domaine et dans l'autre les choses qui l'empêchent d'aller plus loin, quand tout à coup il s'est mis à gesticuler de façon étrange.

Praticien : Alors Houcine, vous allez bientôt sentir ces deux parties de vous qui...... (Houcine fait des sortes de petits sursauts). Tout va bien ?

Houcine : Oui ! Mais... Je sens vos deux mains sur mes poignets, mais pouvez-vous me dire qui est derrière en train de me donner des coups de pied au cul ?

Autre exemple : Simon vient me voir pour l'aider à perdre du poids, il doit subir une opération des rotules qui pour l'instant est impossible à cause de son surpoids.

Praticien : Dans un instant, vous allez sentir comme vos déplacements vont être difficiles dans le futur si vous ne perdez pas de poids. Sentez comme vos genoux sont impossibles à plier et comme c'est difficile de vous déplacer comme cela. Allez-y, marcher.

Simon se déplace dans la pièce avec des jambes raides, impossible de les plier. Les applications sont quasi infinies.

Hallucination auditive

Elle peut être utilisée dans l'accompagnement d'un deuil par exemple où le client voudrait entendre une dernière fois la voix de l'être cher. Ou encore un client qui ne voudrait plus entendre les bruits de la rue pour trouver le sommeil. On parle alors ici d'hallucinations négatives.

Hallucination gustative

J'ai utilisé une hallucination gustative avec Camille et les morceaux de chocolat. Voici un autre exemple pour un arrêt du tabac, pour faire sentir à un fumeur le goût de la première cigarette.

Praticien : Sentez comme la bouche devient pâteuse et sèche avec la première bouffée, puis c'est le goût de goudron qui arrive dans la bouche…

Ou dans le cadre d'une rééducation post Covid avec perte de goût.

Praticien : Sentez comme très subtilement vous allez sentir dans votre bouche l'arôme de cette fraise juteuse.

Ici le client a l'illusion du goût, mais c'est un premier pas pour motiver et retrouver le goût des aliments consommés.

Hallucination visuelle

Une hallucination visuelle, c'est demander au client de voir quelque chose qui n'existe pas ou de faire disparaitre un chose qu'il a en face des yeux. Cela peut paraitre fou, mais c'est encore une fois un classique de l'hypnose de spectacle et de l'hypnose de rue. Personnellement, je m'en sers peu dans mon cabinet. Mais quand le client est joueur, c'est toujours sympa. J'aime aussi l'utiliser avec les enfants, un petit cadeau en fin de séance. Etre félicité du travail accompli par leur idole est toujours un moment touchant.

Praticien : Léo, quand tu ouvriras les yeux, tu verras assis à mon bureau, Harry Potter qui te ferra signe et te félicitera pour ton travail.

Inciter à halluciner

Toutes ces formes d'hallucinations positives ou négatives sont assez simples à mettre en place si l'état d'hypnose est assez profond. Et je répète qu'un état d'hypnose profond peut être obtenu en moins d'une minute. Toutefois, pour des raisons diverses, il peut arriver que certains clients ne puissent pas avoir accès immédiatement à ces hallucinations. Dans ce cas, vous pouvez insister en ajustant la transe et en impliquant le client d'avantage. Lui dire que ça ne fonctionne pas encore, mais que nous allons travailler ensemble pour y parvenir, que tout le monde est différent et que dans ce cabinet en séance individuelle c'est l'occasion de faire de l'hypnose sur mesure.

Pendant une période, j'ai pris le temps d'expérimenter quelques astuces pour provoquer les hallucinations. Comme pour les tests pré-hypnotiques, vu dans le paragraphe sur les inductions, je me sers d'un leurre pour inviter le client à aller toujours plus loin dans l'hypnose : doigts collés, bascule arrière...

Inciter à l'hallucination positive auditive :

Praticien : Isabelle, je vais vous demander de vous concentrer sur certains bruits qui nous entourent. Tout d'abord le son de ma voix, l'entendez-vous bien distinctement ?

Isabelle : Oui

Praticien : Maintenant concentrez-vous sur le bruit dans la rue, les voitures qui passent, les gens qui parlent. Les entendez-vous ?

Isabelle : Oui

Praticien : Vous savez, avec cet état particulier que procure l'hypnose, vous allez pouvoir vous concentrer sur des sons peu audibles en temps normal. Par exemple le bruit des canalisations d'eau des radiateurs. Vous l'entendez ?

Isabelle : *(après un petit moment)* Oui

Praticien : Et le tic-tac de ma montre. Vous l'entendez ?

Ni elle ni moi n'avions de montre et il n'y avait aucun « tic-tac » dans la pièce.

Isabelle : Oui

En demandant à ma cliente de se concentrer sur le bruit d'un « tic-tac » qui n'était pas présent mais qui potentiellement aurait pu l'être, j'ai pu m'assurer qu'elle accédait à l'hallucination auditive, sans qu'elle-même s'en rende compte. Après cela, j'ai pu obtenir des hallucinations auditives. Cela m'intéressait pour la séance, en l'occurrence pour qu'elle puisse entendre la voix de son mari décédé.

Inciter à l'hallucination kinesthésique :

Praticien : Denis, je vais poser deux doigts sur votre bras droit. *(Les yeux sont fermés)* Vous aurez juste à me dire « oui » quand vous sentirez ce contact. C'est d'accord pour vous ?

Denis : Oui, c'est compris.

Je pose mes deux doigts sur le bras de Denis.

Denis : Oui.

Praticien : Très bien, vous sentez bien ce contact ?

Denis : Oui.

Je recommence l'opération avec des suggestions directes.

Praticien : Et votre bras devient de moins en moins sensible, comme engourdi…

Au bout d'un moment, je ne pose plus mes doigts, mais je demande quand même à mon client s'il ressent le contact.

Denis : Non je ne sens rien.

Praticien : Vous ne sentez rien ?

Denis : non rien.

Entre temps j'ai reposé mes doigts son bras.

Praticien : Et là ?

Denis : Non, non rien.

Je peux enlever et reposer mes doigts, mon client ne sent plus rien. Notez que de la même manière, vous pouvez créer la sensation de contact. Le client sentira toujours vos doigts même s'ils ne sont plus posés.

Inciter à l'hallucination visuelle :

Ici j'utilise deux cartes à jouer identiques en tous points, sauf la couleur de dos. Une carte à dos rouge et une carte à dos vert.

Praticien : Michael, je vais dans un instant vous demander d'ouvrir les paupières et je vous présenterai une carte de couleur verte. Je vous demanderai de bien regarder cette carte et juste cette carte. Puis quand je vous dirai le mot « fermez », vous refermerez vos paupières. C'est ok pour vous ?

Michael : Oui.

Je présente la carte verte.

Praticien : Ouvrez les paupières. Fixez la carte. Pouvez-vous me dire de quelle couleur est cette carte ?

Michael : Verte.

Praticien : Dans un instant je vous demanderai d'ouvrir les paupières, de fixer la carte et de me dire la couleur de cette carte qui sera cette fois rouge. Ce sera exactement la même carte, sauf que vous et vous seul allez la voir rouge.

Je change de carte et prends la carte rouge discrètement.

Praticien : Ouvrez les paupières, fixez cette carte et donnez-moi sa couleur.

Michael : Euh, rouge.

Son regard est plus vitreux, le fractionnement n'y est pas pour rien.

Praticien : Très bien Michael, dans un moment je vous demanderai d'ouvrir les paupières et de fixer toute votre attention sur cette carte qui sera cette fois devenue bleue.

Ce sera exactement la même carte mais vous et vous seul allez la voir de couleur bleue. Allez-y, ouvrez les paupières.

Cette fois je lui présente la verte.

Praticien : De quelle couleur voyez-vous cette carte ?

Michael : Euh, entre le bleu et le vert, c'est bizarre.

Praticien : Très bien, fermez les paupières.

Je recommence encore l'opération jusqu'à ce que mon client voit la carte complétement bleue.

Les ancrages

J'utilise les ancrages de plusieurs façons. La plus classique consiste à relier une sensation, une émotion ou encore un état d'esprit à une interaction avec le corps (toucher une partie du corps pour l'activer) ou même l'arrivée dans un lieu.

Exemple dans un processus d'arrêt tabac : Je lui fais ressentir très fortement le mauvais goût des cigarettes, la tête qui tourne avec le manque d'oxygène, le souffle qui manque etc. Puis je donne comme suggestion post hypnotique : « à chaque fois que vous allez prendre et fumer une cigarette, vous ressentirez toutes ces sensations que vous ressentez actuellement ».

Un autre exemple : Avec un client qui a peur de parler en public. J'ai travaillé avec lui le moyen de flouter son auditoire et de le rendre presque insignifiant. Quand mon client arrive à vivre sous hypnose la scène avec un détachement suffisant, je lui demande d'inspirer profondément et j'appuie entre son pouce et son index en même temps. Je lui dis qu'à chaque fois qu'il appuiera à cet endroit en inspirant, il retrouvera cette confiance. Il faut absolument faire répéter au client ce rituel pendant l'hypnose et aussi en sortie de transe. Personnellement, quand mon client est complétement sorti d'hypnose et avant qu'il ne sorte du cabinet, je lui demande de retenter. Il ne faut pas oublier que le client va utiliser son ancrage quand il sera en situation compliquée, alors c'est mieux de vérifier que ça fonctionne déjà juste là.

Dans mon précédent livre, je donnais un exemple d'ancrage qui s'activait dans une situation précise : Une jeune fille qui avait peur au moment de ses leçons de conduite. Pour ce cas, j'ai placé l'ancrage au moment même où elle montait dans la voiture et effectuait les réglages (rétroviseur, volant, ceinture, siège etc.). Nous avions placé un ancrage parmi l'automatisme de ces réglages techniques. L'ancrage consistait à avoir confiance au moment de conduire et donc se déclenchait quand elle se retrouvait à faire ses réglages en début de séance de conduite.

L'ancrage est aussi le moment où le client s'implique dans le processus. Lui demander d'activer un ancrage, c'est aussi stopper une routine et sortir d'un mode automatique. Cela peut être capital dans le processus de changement.

Praticien : Nous avons travaillé sur beaucoup d'automatismes et cela fonctionne bien. Mais pour que le travail soit encore plus efficace, je vais vous demander d'actionner votre ancrage à certains moments précis de la journée. Vous savez, comme les personnes qui contrôlent leur taux d'insuline. C'est entré dans leur routine. Et bien c'est la même chose pour ce que je vais vous demander.

Bien sûr il faut bien mettre en évidence que l'utilisation d'un ancrage n'est pas indélébile et qu'il fait partie d'une phase de changement.

Transe partielle

Elle consiste, comme son nom l'indique à être partiellement en transe, c'est à dire une partie du corps (dissociée) que l'on observe. Une des méthodes les plus représentative est le SWAN (signe) inventé par Bob Burns et largement transmise en France par Philippe Miras. Le client converse avec son inconscient. Il pose des questions à sa main, qui répond avec un signaling : généralement 2 doigts de la main qui bougent pour répondre, l'un par « oui » et l'autre par « non ». Méthode astucieuse et simple à mettre en œuvre.

Pour ma part j'utilise beaucoup la transe partielle en demandant au client d'ouvrir les yeux sans sortir de l'état d'hypnose. C'est toujours très instructif de converser avec le client quand il est en transe partielle et j'aime élaborer des stratégies avec lui sur son changement dans ces moments-là. Car c'est bien avec cette partie du cerveau (cortex cingulaire postérieur) du client, celle qui gère l'imaginaire et la motivation, que nous sommes en train de converser. Les idées et stratégies du client concernant son changement sont souvent déterminantes pour une séance.

Guider le client

Je pense que guider le client de façon interactive fait partie des choses à ne pas négliger. Beaucoup de formations ou livres sur l'hypnose veulent nous faire croire que suivre un script pré-rédigé pourrait convenir à tous les clients venus consultés pour la même problématique. Qu'il suffirait de lire ce déroulé à un client passif, sans se soucier de savoir s'il n'a pas décroché dès la première phrase. Ce n'est pas ma manière de travailler, vous l'avez remarqué, mais ce n'est pas pour autant qu'il faut donner au client carte blanche pour divaguer en état d'hypnose ! Il évitera forcément d'aller où il faut affronter les choses pour lesquelles il est venu en rendez-vous.

Si je prends pour exemple les deux dernières séances avec Camille, je lui donne la métaphore de la plante et des apprentissages, puis je lui demande de regarder les racines, de plonger, etc. Je lui donne une piste à suivre et je vérifie si elle adhère ou non. Et entre ces phases, le travail peut se faire. Mais je suis toujours là pour lui proposer des choses et voir si elle les suit, où elle en est. Car si elle ne suit pas, inutile d'aller plus loin. Ce n'est pas un problème, au contraire, on se donne une liberté d'action dès le début.

Corps et esprit

Lier des phénomènes hypnotiques au corps

Faire ressentir une émotion au client, c'est déjà quelque chose de fort, mais pourquoi se priver de le faire interagir avec différentes parties de son corps.

Exemple :

Praticien : Lise, vous allez vous connecter à cette situation au bureau que vous venez de me décrire *(je décris la scène pour mieux l'immerger)*, et quand vous ressentirez cette peur, vous pourrez me le dire.

Lise : Oui là, ça commence.

Praticien : Alors Lise, quand je vais rapprocher votre main de votre corps, cette peur va grandir et quand je vais la reculer, cette peur va baisser.

Ou encore :

Praticien : Yann, vous m'avez parlé de toutes vos compétences et de tout votre savoir-faire que vous aviez dans votre ancien poste. Connectez-vous à ça, c'est comme si vous aviez toutes ces compétences dans votre main, ici. Et quand cette main monte, vous les ressentez encore plus, avec toute la fierté que vous pouvez ressentir liée à ces compétences. Alors inspirez et faites monter encore plus cette sensation. C'est comment pour vous ?

Yann : Bien, c'est bien.

Praticien : Et dans cette autre main, vous avez ce nouveau job où vous avez encore beaucoup à apprendre et de nouvelles responsabilités. Quand votre main monte vous sentez tout le poids de ces choses qu'il vous reste à accomplir.

Yann : *(visage crispé)* Oui.

Praticien : Dans un instant vous allez sentir vos deux mains interagirent. Comme si elles échangeaient et bien sûr ce sont ces deux parties de vous, votre ancien et votre nouveau travail qui vont commencer à échanger pendant que les mains voyagent d'elles-mêmes.

Conclusion

Les outils que je vous présente ici sont peu nombreux et simples à utiliser, Je ne travaille pratiquement qu'avec eux et cela me suffit, car les combinaisons entre ces outils sont pratiquement infinies et s'adaptent à tous les clients. Je n'utilise pour ma part aucun protocole ni script. Si vous utilisez des protocoles, je vous invite à y repérer les outils de ma liste et à vous demander comment vous auriez pu l'adapter encore d'avantage à votre client.

POUR TERMINER

Remerciements

Encore une fois j'aimerais remercier Marie. Pour ton soutien, la réalisation des illustrations, toute la partie graphique de ce livre et la mise en page.

Jordan Vérot : Pour ton enseignement passé, présent et futur. Ta gentillesse et ta folie en formation.

Colombe Liu : Merci d'avoir une nouvelle fois pris le temps de lire mon manuscrit.

Patrick, Jimmy, Benjamin, Ary, Christophe, Mic, Nelly

Merci également à tous les lecteurs de mon premier livre « Hypnose dans la tête d'un praticien », vous avez été nombreux et d'une gentillesse très touchante dans vos retours. Ce nouveau livre a été pensé en fonction de vos remarques, j'espère qu'il vous plaira.

Bibliographie

Voici une liste des livres (d'hypnose ou non) qui ont nourri ma pratique et que je vous conseille :

Le livre que beaucoup attendaient, moi le premier. Comprendre l'A.D.N des inductions :

- *L'induction en hypnose. Construisez pas à pas des inductions efficaces*
  Jordan Vérot

Le livre qui m'a redonné confiance et goût en l'hypnose thérapeutique :

- *Guide pratique d'hypnose rapide*
  Jordan Vérot

Pour moi le must pédagogique, un travail de titan et un énorme coup de balais pour revenir à l'hypnose que vous allez pratiquer réellement en séance. La structure T.R.A.J.E.T. a été pour moi une révolution dans la façon de faire un entretien efficace pour donner plus de place à l'hypnose :

- *Hypnose leviers de changement*
  Jordan Vérot

Un classique qui est pour moi devenu indispensable pour tous les hypnotiseurs. Une hypnose rapide et efficace. Pour l'hypnose de spectacle ou de rue, mais aussi en cabinet :

- *L'art de l'hypnose impromptue*
  Anthony Jacquin

Le livre avec lequel j'ai fait mes premières inductions. Il vous propose, en plus des inductions, énormément d'effets hypnotiques qui pour ma part n'ont jamais quitté ma pratique, aussi bien dans la rue qu'en cabinet :

- *La voix de l'inconscient*
Jean-Emmanuel Combe

J'ai découvert cette série de livres il y a peu. Je cherchais une façon de mieux travailler sur la douleur en cabinet, et cette série de livres a su répondre à mes attentes. Très bien expliqué et facile à lire :

- *Les indispensables de l'hypnose Elmanienne, Tome 0.1.2.3.4.*
Brice Lemaire

Livre qui a également changé ma pratique. Et qui m'a conforté concernant l'efficacité d'une hypnose directe:

- *Aux sources de l'hypnose*
A.M.J De Chastenet de Puységur

Pouvoir identifier rapidement un inconfort, un stress, une envie de fuir, tous les détails qui peuvent vous faire gagner un temps fou en cabinet (et dans votre vie quotidienne). Ce livre simple, pratique et facile à mettre en pratique, avec des réflexes qui se mettent vite en place :

- *Ces gestes qui parlent à votre place*
Joe Navarro

Un des premiers livres qui m'a conforté dans la voie d'être le plus direct possible en séance :

- *Hypnose Directe : L'accompagnement en suggestions directes.*
  Emmanuel Winter

Livre qui reprend l'essentiel des techniques d'hypnose : induction, approfondissement, suggestion post hypnotique... une vraie bible que j'aurais adoré découvrir à mes débuts.

- *L'art de l'hypnose: maitriser les techniques de base*
  Roy C. Hunter

Pas d'hypnose ici, mais une ouverture sur le fonctionnement de notre cerveau et de ses failles.

- *Le Bug Humain*
  Sébastien Bohler

Beaucoup de lecteurs m'ont demandé comment se former à l'hypnose et l'hypnose rapide en présentiel. Voici donc quelques références :

- *Stage d'hypnose rapide*
  avec Jordan Vérot, C.H.N de Nice
  https://centre-hypnose-nice.fr/

- *Stage hypnose impromptue*
  avec Sleepy Deathblow,
  https://hypnomad.fr

Mot de l'auteur

Pour différentes raisons, j'ai choisi d'auto éditer ce livre. Cela me permet d'avoir une liberté totale sur ce que j'ai envie de transmettre.

Si ce livre vous a plu, je vous invite à partager votre enthousiasme et à laisser un commentaire sur le site d'Amazon. Cela aidera à ce qu'il soit référencé et donc vu par un plus grand nombre.

Si vous avez des questions, je vous invite à rejoindre le groupe Facebook ***Hypnose dans le tête d'un praticien***

Retrouvez-moi également :

- Sur mon site internet
http://hypnosehauteloire.fr/

- Sur Facebook
Jérémy Cauliez Praticien en hypnose thérapeutique

Printed in France by Amazon
Brétigny-sur-Orge, FR